INHALT

Sarawak → S. 72

Saba → S. 86

Ausflüge & Touren → S. 96

Reiseatlas → S. 124

KARTEN IM BAND
(126 A1) Seitenzahlen und Koordinaten verweisen auf den Reiseatlas
(0) Ort/Adresse liegt außerhalb des Kartenausschnitts Es sind auch die Objekte mit Koordinaten versehen, die nicht im Reiseatlas stehen
(U A1) Koordinaten für die Karte von Kuala Lumpur im hinteren Umschlag

UMSCHLAG HINTEN: FALTKARTE ZUM HERAUSNEHMEN →

FALTKARTE 📖
(📖 A–B 2–3) verweist auf die herausnehmbare Faltkarte
(📖 a–b 2–3) verweist auf die Zusatzkarte auf der Faltkarte

Die besten MARCO POLO Insider-Tipps

Von allen Insider-Tipps finden Sie hier die 15 besten

INSIDER TIPP ▸ Markt mit Ambitionen
Auf dem bunten Little Penang Street Market in Georgetown bauen soziale Einrichtungen aus der Umgebung regelmäßig ihre Verkaufsstände auf → S. 37

INSIDER TIPP ▸ Blick in ein empfindliches Ökosystem
Bei einer Mangroventour mit Jungle Walla Tours durch die Küstenlandschaft Langkawis werden Sie jede Menge Interessantes über diesen undurchdringlichen Mikrokosmos mit seinen tierischen Bewohnern erfahren → S. 57

INSIDER TIPP ▸ Das stilvollste Kleinhotel
Im Hotel Puri, einem alten, sorgsam restaurierten Stadthaus in Melaka, wohnen die Gäste in Zimmern im Peranakan-Stil → S. 53

INSIDER TIPP ▸ Ein heißes Bad ...
... erquickt die müden Glieder nach einer anstrengenden Trekkingtour am Mount Kinabalu: Poring Hot Springs → S. 92

INSIDER TIPP ▸ Schlemmermeile
Lassen Sie sich in der Jalan Alor in Kuala Lumpur zu einem ebenso exotischen wie leckeren Dinner unter freiem Himmel verleiten (Foto o.) → S. 45

INSIDER TIPP ▸ Thailändisches Flair
Einen Eindruck von der Architektur des nördlichen Nachbarlands vermitteln die Wats, die buddhistischen Tempel, in der Umgebung von Kota Bharu → S. 62

INSIDER TIPP ▸ Abgelegene Dschungelgebiete
Naturnah, aber dennoch komfortabel und exklusiv können Sie im Danum Valley nahe Sandakan übernachten – das Schutzgebiet liegt mitten im Dschungel → S. 93

INSIDER TIPP ▸ Drinks mit Aussicht
Genießen Sie im hoch gelegenen Luna Bar & Restaurant den fantastischen Ausblick auf das bunte Lichtermeer der Großstadt Kuala Lumpur → S. 46

MARCO POLO

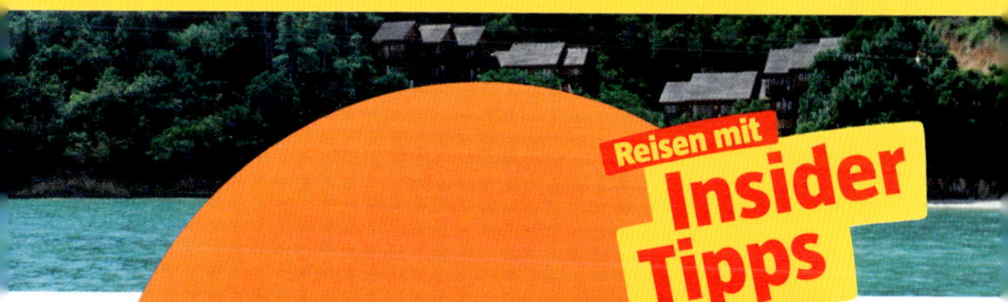

Reisen mit Insider Tipps

MALAYSIA

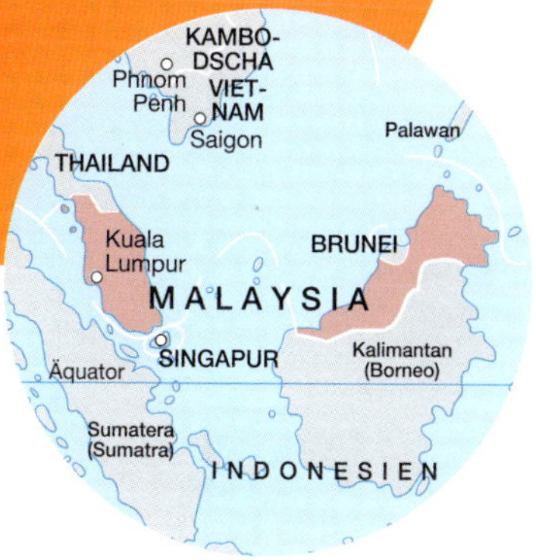
KAMBO-
DSCHA
Phnom
Penh
VIET-
NAM
Saigon
Palawan
THAILAND
Kuala
Lumpur
BRUNEI
MALAYSIA
SINGAPUR
Äquator
Kalimantan
(Borneo)
Sumatera
(Sumatra)
INDONESIEN

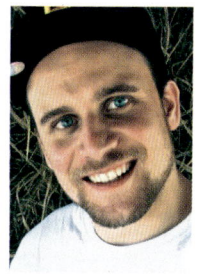

MARCO POLO Autor
Mischa Loose

Südostasien ist seit frühester Kindheit seine zweite Heimat. Auf ausgedehnten Reisen hat Mischa Loose die zahlreichen Facetten Malaysias kennen und lieben gelernt. Die großen Städte des Vielvölkerstaats haben es ihm dabei ebenso angetan wie die tropische Natur und die freundlichen Menschen. Und selbst nach über 25 Jahren entdeckt er immer wieder Neues in der südostasiatischen Schatztruhe Malaysia.

www.marcopolo.de/malaysia

← UMSCHLAG VORN:
DIE WICHTIGSTEN HIGHLIGHTS

Die besten Insider-Tipps → S. 4

Best of ... → S. 6

Westen der Halbinsel → S. 32

Osten der Halbinsel → S. 58

SYMBOLE

INSIDER TIPP	Insider-Tipp
★	Highlight
●●●●	Best of ...
	Schöne Aussicht
	Grün & fair: für ökologische oder faire Aspekte
(*)	kostenpflichtige Telefonnummer

PREISKATEGORIEN HOTELS

€€€	über 50 Euro
€€	25–50 Euro
€	unter 25 Euro

Preise für zwei Personen im Doppelzimmer ohne Frühstück

PREISKATEGORIEN RESTAURANTS

€€€	über 12 Euro
€€	6–12 Euro
€	unter 6 Euro

Preise für eine Mahlzeit mit Vor-, Haupt- und Nachspeise in westlichen Restaurants oder für zwei bis drei Gerichte in einheimischen Lokalen

Titelthemen: Sepilok Orang Utan Sanctuary auf Borneo S. 95 | Canopy Walkway S. 106

INSIDER TIPP **Unvergessliches Naturspektakel**

Sie folgen dem Lockruf der Nacht und der Natur: Auf der Suche nach Futter verlassen Abend für Abend Millionen von Fledermäusen die große Deer Cave im Gunung Mulu National Park → S. 83

INSIDER TIPP **Die Pracht eines Klanhauses**

Ein Besuch des reich verzierten Khoo Kongsi in Georgetown führt Ihnen die historische Bedeutung der chinesischen Klans eindrucksvoll vor Augen. Mehr über ihre Kultur und Geschichte erfahren Sie im Museum → S. 35

INSIDER TIPP **Endlose, einsame Strände**

In Sabah können Sie nahe Tuaran kilometerweit am Wasser entlangspazieren. Unvergesslich wird der Aufenthalt an der Küste, wenn Sie eins der dort gelegenen Fünf-Sterne-Luxusresorts als Bleibe wählen → S. 90

INSIDER TIPP **Der schönste Wasserfall**

Die kristallklaren Kaskaden des Telaga-Tujuh-Wasserfalls auf Langkawi verlocken dazu, in das kühle Nass zu springen → S. 55

INSIDER TIPP **Wie Tarzan im Dschungel**

Nicht nur für Kinder ist es ein Abenteuer, sich auf einem Canopy Walkway durch die Baumwipfel der Urwaldriesen zu bewegen. Schwindelfrei sollte man dafür schon sein (Foto u.) → S. 106

INSIDER TIPP **Gourmetspeise mit Scheren**

In Cukai wartet im Restaurant Tong Juan eine ganz besondere Spezialität auf alle, die gern Meerestiere essen: gefüllte Krebse → S. 69

INSIDER TIPP **Das schönste Musikfestival**

Lassen Sie sich mitreißen und tanzen Sie beim alljährlichen Rainforest World Music Festival im Sarawak Cultural Village zu Klängen aus aller Welt → S. 80

BEST OF ...

TOLLE ORTE ZUM NULLTARIF
Neues entdecken und den Geldbeutel schonen

● **Bunte Blumenpracht**
Wenn Sie in Kuala Lumpur Ruhe und Erholung vom Stadttrubel suchen, werden Sie die *Lake Gardens* lieben. Der Eintritt zum idyllischen Orchideengarten mit über 200 verschiedenen Arten und dem angrenzenden Hibiskusgarten ist wochentags frei → S. 43

● **Höhlen mit religiösem Hintergrund**
Die 12 km nördlich von Kuala Lumpur gelegenen *Batu Caves* zählen zu den wichtigsten religiösen Kultstätten der malaysischen Hindus – und ihr Besuch ist völlig kostenlos (Foto) → S. 47

● **Anschauliche Teeproduktion**
Gratis sind die Führungen durch das *Sungai Palas BOH Tea Estate* in den Cameron Highlands. Im modernen Teehaus mit Blick auf die grüne Plantage probieren Sie frisch aufgegossene Mischungen → S. 48

● **Tropische Natur zum Nulltarif**
Der *Botanische Garten* in Georgetown liegt zwischen dschungelbedeckten Hügeln, kostet keinen Eintritt und belegt die Vielfalt der tropischen Flora. Für Neulinge interessant: das Gebiet Primärdschungel → S. 34

● **Der größte buddhistische Tempel**
Der im Zentrum der Insel Penang gelegene *Kek-Lok-Si-Tempel* wird Ihnen nicht nur wegen der alles überstrahlenden, 30 m hohen Statue der Göttin der Barmherzigkeit in Erinnerung bleiben. Sie müssen nur eine kleine Spende entrichten → S. 34

● **Malaiische Kultur zum Anfassen**
Klassische Tänze und Musik, Schattenspiel, Selbstverteidigung, Kreiselwettkämpfe: Das Eintauchen in die malaiische Kultur im *Gelanggang Seni* in Kota Bharu kostet keinen Cent → S. 59

● **Katzen in allen Formen und Farben**
Freunde unserer liebsten schnurrenden Haustiere kommen im eintrittsfreien *Cat Museum* in Kuching voll auf ihre Kosten → S. 74

●●●● Diese Punkte zeichnen in den folgenden Kapiteln die Best-of-Hinweise aus

● **Kunsthandwerk aus allen Landesteilen**

Das Kunstgewerbe des Landes ist variantenreich und geht weit über einfache Batiken und Sarongs hinaus. In den staatlichen *Kompleks-Kraf-Zentren* wie dem auf Langkawi wird die ganze Bandbreite präsentiert → S. 56

● **Die erste Fusionsküche der Welt**

Die von den ersten chinesischen Einwanderern geprägte *Nyonya-Küche* verbindet chinesische Zubereitungsarten mit malaiischen Gewürzen – zu probieren in den Restaurants in Melaka → S. 52

● **Multikulti wie es sein sollte**

Bei einem Spaziergang durch die *Straße der Harmonie* in der Altstadt von Georgetown wird Ihnen die facettenreiche Bevölkerungsmischung ins Auge fallen. Schon seit Jahrhunderten leben hier verschiedene Ethnien Seite an Seite → S. 35

● **Einer der ältesten Dschungel unseres Planeten**

Bei einer Wanderung durch den über 130 Mio. Jahre alten *Taman Negara* können Sie auch ohne Guide den tropischen Urwald erforschen. Besonders aufregend ist die Fahrt über die Stromschnellen → S. 70

● **Unberührte Unterwasserwelt**

Das Riff rund um die Insel *Pulau Sipadan* zählt zu den beliebtesten Tauchgebieten Südostasiens, denn es ist von menschlichen Eingriffen fast komplett verschont geblieben und überwältigt mit seinem Fisch- und Farbenreichtum (Foto) → S. 94

● **Ein farbenfroher, klassischer Markt**

Beim Bummel über den *Pasar Minggu* in Kuching bekommen Sie einen spannenden Einblick in das Leben der Einheimischen. Neben Obst, Gemüse und Fleisch werden auch exotische Gewürze und Kunsthandwerk feilgeboten → S. 75

● **Unsere nächsten Verwandten**

Bei einem Besuch des *Orang Utan Sanctuary* in Sepilok können Sie die sanften Menschenaffen aus der Nähe kennenlernen und mehr über ihre Lebensweise und die vom Menschen ausgehenden Gefahren lernen → S. 95

TYPISCH

BEST OF ...

SCHÖN, AUCH WENN ES REGNET
Aktivitäten, die Laune machen

● **Unter den höchsten Türmen des Landes**
Unter den *Petronas Twin Towers* in Kuala Lumpur bummeln Sie durch ein Aquarium, Museen, Galerien und Shops. Für Pausen gibt es Cafés und Restaurants → S. 44

● **Das perfekte Souvenir erstehen**
Während es draußen in Strömen gießt, bleiben Sie im *Central Market* von Kuala Lumpur schön trocken und stöbern zwischen Kunsthandwerk nach idealen Souvenirs (Foto) → S. 42

● **Spaß für die ganze Familie**
Die *Sunway Lagoon* in Petaling Jaya ist der beliebteste Freizeitpark des Landes – ideal, um bei Schlechtwetter im Wasserpark zu baden oder sich in den drei Themenparks zu vergnügen → S. 107

● **Dschungeltour auf Schienen**
Auf der schönen Fahrt mit dem *Dschungelzug* durch das Innere der Halbinsel werden Sie den immergrünen Regenwald und skurrile Kalksteinformationen an sich vorbeiziehen sehen → S. 98

● **Leben in den Weltmeeren**
In der *Underwater World* auf Pulau Langkawi präsentiert sich Ihnen die einheimische Unterwasserwelt in all ihrer Vielfalt → S. 55

● **Nicht nur für historisch Interessierte**
Das *Terengganu-Nationalmuseum* in Kuala Terengganu beherbergt neben historischen und naturkundlichen Sammlungen auch lebensgroße Nachbauten von Schiffen und traditionelle Häuser → S. 63

● **Natürliche Schönheit und Kletterabenteuer**
Im *Gunung Mulu National Park* in Sarawak können Sie einige der spektakulärsten Kammern des weltweit größten Höhlensystems erkunden. Für Abenteuerlustige: das Adventure Caving → S. 83

REGEN

ENTSPANNT ZURÜCKLEHNEN
Durchatmen, genießen und verwöhnen lassen

● **Indische und malaiische Tanzkultur**
Beim Besuch einer Aufführung im *Sutra Dance Theatre* in Kuala Lumpur gönnen Sie den vom Shopping und Sightseeing müden Füßen eine Pause und staunen über die anmutigen Tänzer → **S. 46**

● **Hoch über der Insel**
Mit der *Langkawi Cable Car* schweben Sie über die dschungelbedeckten, zerklüfteten Berge auf eine spektakulär konstruierte Aussichtsplattform in 709 m Höhe. Bei gutem Wetter können Sie von hier aus die benachbarten thailändischen Inseln erspähen → **S. 55**

● **Komfort und Romantik zu Wasser**
Ein *Segeltörn* in den Gewässern vor Langkawi sorgt für einen entspannten Tag vor prächtiger Naturkulisse. Oder darf's ein romantisches Dinner zum Sonnenuntergang sein? → **S. 57**

● **Lebendige chinesische Teekultur**
Die Teezeremonie im *Purple Cane Tea House* in Ipoh macht ihrem Namen alle Ehre. Und danach wählen Sie eine der leckeren mit Tee zubereiteten Köstlichkeiten als Abendessen → **S. 39**

● **Sand und Sonne satt**
Die beiden Inseln *Pulau Perhentian Kecil* und *Besar* sind ein echter Tropentraum: mit weißen, lang gezogenen Stränden, farbenprächtigen Korallenriffen und tropischen Regenwäldern (Foto) → **S. 62**

● **Das andere Malaysia**
Ein Spaziergang zum Sonnenuntergang entlang der *Waterfront Promenade* in Kuching – und Ihnen fällt schnell auf, wie entspannt Sarawak ist → **S. 76**

● **Nasenaffen beim Abendessen**
Bei einer gemütlichen abendlichen *Bootstour auf dem Kinabatangan River* sehen Sie Nasenaffen und Nashornvögel, mit Glück auch Elefanten und Krokodile. Und Sie müssen nicht einmal schwitzend durch den Dschungel kraxeln → **S. 94**

AUFTAKT

ENTDECKEN SIE MALAYSIA!

Sanft schwebt das Flugzeug über mal tiefblaues, mal smaragdgrünes Meer, dann über sattgrüne Ölpalmplantagen und moderne Vororte – um schließlich auf dem hypermodernen Airport von Kuala Lumpur aufzusetzen, der Frankfurts Rhein-Main-Flughafen fast beschämend in den Schatten stellt. „Sind wir wirklich in einem Schwellenland?", fragen Sie sich ungläubig.

Das Staunen geht auf dem Weg in die Hauptstadt weiter. Mit der superschnellen S-Bahn *(KLIA Ekspres)* oder einem komfortablen Taxi fahren Sie durch den *Multimedia Super Corridor,* Malaysias größtes Entwicklungsprojekt, das sich bis ins Zentrum Kuala Lumpurs zieht. Auf 50 km Länge und 15 km Breite sind mehrere Trabantenstädte und Industriezentren entstanden: Malaysia soll nach den Plänen der Regierung im Jahr 2020 eine entwickelte Industrienation sein. Mit einer beeindruckenden Mischung aus Altem und Neuem, aus chromglänzenden Wolkenkratzern neben historischen Koloni-albauten und alten Gotteshäusern erwartet Sie schließlich Kuala Lumpur. Hier können Sie beim Schlendern durch Seitengassen oder über einen der farbenfrohen Märkte

Bild: Staatsmoschee in Kuching

Die Skyline von Kuala Lumpur erscheint fast wie ein Sinnbild für das aufstrebende Land

den Zauber des Fernen Ostens erleben. In Chinatown dringt der Duft von Räucherstäbchen aus den Tempeln, während Straßenverkäufer nebenan lautstark ihre Waren anpreisen. In stilvollen Hotels trifft man sich zum Fünf-Uhr-Tee, wie man es schon in der britischen Kolonialzeit getan hat, oder man begibt sich im klimatisierten Kaufhaus auf die Suche nach den neuesten technischen Gadgets – Gegensätze, die Ihnen überall begegnen werden.

Moderne Technik, Fünf-Uhr-Tee und der Zauber des Fernen Ostens

Auch außerhalb der Haupstadt: Etwa eine halbe Stunde Autofahrt südlich von Kuala Lumpur wurde die neue Verwaltungshauptstadt Putrajaya aus dem Boden gestampft, voller Paradebeispiele moderner malaiisch-islamischer Architektur, ausgedehnter Grünflächen und künstlich angelegter Seen, über die sich imposante Brücken spannen. Die Städte an der Westküste der Halbinsel dagegen können auf eine lange

35 000 v. Chr.
Ein 1958 in den Niah-Höhlen entdeckter Schädel beweist: In der Altsteinzeit lebten Menschen auf Borneo

Ab ca. 200 v. Chr.
Indische Händler führen die Sprache Sanskrit und die buddhistisch-hinduistische Kultur ein

1414
Melakas Herrscher Parameshwara übernimmt den Islam

1641
Holland erobert Melaka und Westmalaysia

1824
Holland überlässt Großbritannien die malaiische Halbinsel

Geschichte zurückblicken. Melaka und Penang sind ehemalige *Straits Settlements*, Niederlassungen der Britischen Ostindien-Kompanie, die 1826 an der Straße von Melaka gegründet wurden. Ihre Vergangenheit spiegelt sich in einer Vielzahl von historischen Bauten, Tempeln und Traditionen. Lebendig werden diese Orte durch Malaysias liebenswerte Menschen, die Fremden gegenüber sehr aufgeschlossen sind. Besonders wenn Sie wenigstens ein paar Begrüßungsformeln in der Landessprache Bahasa Melayu formulieren können, werden Sie schnell von den Einheimischen ins Herz geschlossen werden. Malaysier sind noch immer überrascht, wenn tatsächlich *Orang Puteh*, die Weißen, ein paar Worte Malaiisch sprechen. Aber auch mit Englisch werden Sie keine Verständigungsprobleme haben, ist die Sprache der ehemaligen Kolonialherren doch noch immer sehr weit verbreitet.

> **Traumhaft schönes Land voller Gegensätze**

Außerhalb der Städte lockt Malaysia mit tropischer Natur, schönen Dschungelgebieten, lang gezogenen Sandstränden und bunten Korallenriffen. Zwar ist der Westen der am dichtesten besiedelte und am meisten entwickelte Landesteil, doch im Umkreis des Zentralgebirges, das die Halbinsel praktisch der Länge nach halbiert, finden sich einige der schönsten Nationalparks mit tropisch-grünen Regenwäldern und braunen Dschungelflüssen. Selbst auf den entwickelten Inseln Penang und Langkawi an der Westküste locken leicht zugängliche Tropenwälder, Mangroven und Schutzgebiete. Endlos lange, einsame weiße Sandstrände und Dörfer mit traditionellen Holzhäusern finden sich an der Ostküste und auf den vielen Inseln, deren Korallenbänke zum Tauchen oder Schnorcheln einladen.

Die größten natürlichen Highlights des Landes befinden sich jedoch auf der Insel Borneo, in Sarawak und Sabah, die beide verhältnismäßig dünn besiedelt sind. Entlang der Flüsse sind bereits früh Iban und andere Bevölkerungsgruppen ins Landesinnere vorgedrungen, ihre Dörfer können Sie im Rahmen geführter Touren besuchen. Auf Borneo liegen spektakuläre Höhlensysteme, unberührte Korallenriffe und der mit 4095 m höchste Berg des Landes, Mount Kinabalu. Ganz zu schweigen von der fantastischen Vielfalt der Flora und Fauna, die Sie entdecken können: bizarre Stabinsekten, skurrile Nasenaffen und sanftmütige Orang-Utans, aggressive Schlingpflanzen, saftig grüne Urwaldriesen und die größte Blüte der Welt, die Rafflesia. Besonders

1896–1914
Auf der Halbinsel entsteht eine erste Föderation malaiischer Staaten

1941/42
Japan erobert British Malaya. Viele Malaysier werden zur Zwangsarbeit gepresst

1948–1960
Kolonialkrieg gegen die zurückkehrenden Briten, der offiziell erst 1989 mit einem Friedensvertrag zwischen Malaysia, Thailand und der Guerillaführung endet

1957
Unabhängigkeit Malayas; 1963 treten Singapur, Sarawak und Sabah der Föderation bei, die seitdem Malaysia heißt. Singapur tritt zwei Jahre später aus

vor der Küste von Sabah liegen eine ganze Reihe kleiner Inseln, die Taucher mit den schönsten Korallenriffen Malaysias begeistern. Auf Borneo befanden sich einst allerdings auch die weitläufigsten Regenwälder Südostasiens – die durch jahrzehntelange Abholzung und die unaufhaltsame Ausbreitung der Ölpalmplantagen stark reduziert wurden. Selbst Schutzgebiete sind vom Holzeinschlag betroffen, was immer wieder Proteste unter anderem der *Malaysian Nature Society (www.mns.my)* oder von *Wild Asia (www.wildasia.org)* hervorruft.

Die Liebe zum Land geht durch den Magen

Der größte Pluspunkt Malaysias aber ist die Vielfalt und hohe Qualität des Essens. Durch die multiethnische Zusammensetzung der Bevölkerung gibt es in jedem größeren Ort mindestens ein chinesisches Restaurant, das auch Bier und Schweinefleischgerichte serviert. In größeren Städten steht Ihnen die ganze Palette asiatischer kulinarischer Genüsse zur Auswahl: Ob malaiisch, süd- oder nordindisch, kantonesisch, hainanesisch, Szechuan- oder Hokkien-Küche, alle einheimischen Bevölkerungsgruppen haben ihre kulinarischen Traditionen mitgebracht. Besonders spannend sind schmackhafte Nyonya-Gerichte, eine aus einer Mischkultur hervorgegangene Küche, die chinesische Zubereitungsmethoden mit malaiischen Gewürzen kombiniert. Sie ist auf die ersten Einwanderer aus dem Reich der Mitte zurückzuführen, die sich mit der einheimischen malaiischen Bevölkerung vermischten. Selbstverständlich haben Sie im Zentrum der Großstädte auch die Wahl zwischen gehobener oder rustikaler europäischer, delikater japanischer oder dezenter vietnamesischer Küche, ganz zu schweigen von den weit verbreiteten Fast-Food-Ketten und Cafés.

Das Neben- und Miteinander der Kulturen, das in kulinarischer Hinsicht so perfekt funktioniert, ist im Alltag nicht ganz so ausgewogen. Das immer wieder präsentierte Bild vom harmonischen Zusammenleben der verschiedenen ethnischen Gruppen zeigt besonders in jüngster Zeit wieder deutliche Risse, Spannungen sind unübersehbar. 50 Prozent der Bevölkerung sind Malaien, 24 Prozent chinesischer und rund sieben Prozent indischer Abstammung. Dazu kommen kleinere Gruppen, etwa die bereits erwähnten Iban, die Kadazan und Dayak auf Borneo. Sie alle leben verstreut in zwei grundverschiedenen Landesteilen: Westmalaysia liegt auf der 750 km langen Halbinsel dicht am Äquator und beherbergt elf der 13 Bundesstaaten der Föderation.

1969 Unruhen zwischen Malaien, Chinesen und Indern

2003 Nach 22 Jahren übergibt Premierminister Mahathir Mohamad sein Amt an Nachfolger Abdullah Ahmad Badawi

2008 Bei den Wahlen verliert die regierende „Barisan Nasional" die Zweidrittelmehrheit

2009 Najib Tun Razak wird Premierminister

2013 Zu den Neuwahlen bildet sich eine starke Koalition aus Oppositionsparteien

Bedrohte Spezies: Orang-Utan-Mutter mit Kind auf Borneo

Sarawak und Sabah sind die beiden Bundesstaaten auf Borneo, durch das Chinesische Meer und rund 650 km von Westmalaysia getrennt. Sie machen 60 Prozent der Landfläche Malaysias aus. Kuala Lumpur, der Regierungssitz Putrajaya und die vor der Küste Borneos gelegene Insel Labuan, ein Offshore-Finanzzentrum, sind Bundesterritorien. Das Staatsoberhaupt, ein konstitutioneller Monarch, wird alle fünf Jahre aus der Mitte von neun Sultanen gewählt – das weltweit einzige Sys

Die Herausforderungen der Zukunft

tem dieser Art. Systematische Modernisierungen leitete Mahathir Mohamed ein, der von 1981 bis 2003 als Premierminister die Geschicke des Landes und seiner 28 Mio. Einwohner leitete. Kritiker monierten, dass einige Großprojekte und Prestigebauten enorme Summen verschlangen, dass nicht immer effizient gewirtschaftet wurde und dass vor allem in ländlichen Gebieten Investitionen etwa im Bildungsbereich zu kurz kamen. Während Mahathirs Regierungszeit wurden die Rechte der Sultane und des Königs drastisch eingeschränkt. Die missglückte Reformpolitik seines Nachfolgers Abdullah Ahmad Badawi bescherte der Opposition bei der Wahl 2008 einen Aufschwung. Der amtierende Premierminister, Najib Tun Razak, steht vor großen wirtschaftlichen und sozialen Herausforderungen.

Malaysia ist ein vielseitiges Reiseziel, das für jeden Geschmack etwas zu bieten hat: kulturell ein spannender Schmelztiegel der asiatischen Hochkulturen, kulinarisch ein Schlemmerparadies, das seinesgleichen sucht, landschaftlich ein Spielplatz für Abenteurer und Aktive. Und ein Idyll für Sonnenhungrige und Ruhesuchende.

IM TREND

1 Äußerst anziehend

Mode Starke Kontraste und besondere Verzierungen sind das Markenzeichen von Khoon Hooi *(181 Jalan Bukit Bintang, Kuala Lumpur, Foto)*, dessen Entwürfe man mittlerweile auch außerhalb seiner Heimat bekommt. Kollegin Melinda Looi *(Isetan im KLCC)* ist der Star der Modeszene. Mit ihren avantgardistischen Couture-Kreationen sorgt sie für Aufsehen, ihre Prêt-à-porter-Kollektion aus kostbaren Stoffen ist definitiv tragbar. Voll im Trend und dazu noch günstig ist Le Ann Maxima *(im Jaya One, Jalan Universi, Petaling Jaya)*.

Auf Touren

2

Naturerlebnis Malaysia bietet die perfekte Kulisse für ein Überlebenstraining. Abenteuerlustige belegen bei Nick Tan *(Anmeldung über nicktan@impressions.com.my)* einen Jungle-Survival-Kurs. Feuer machen, einen Unterschlupf bauen, Essbares finden – all das lernen Sie bei dem Wildnisprofi. In der Region um Kuala Kubu Bahru kann man die Schulbank in der *Jungleschool (www.jungleschool.com.my)* drücken und in offiziellen Natur-Workshops *(www.bbec.sabah.gov.my)* informiert man Sie vorab über Flora und Fauna.

3 Am Puls der Zeit

Kreativ In der Kunstszene brodelt es. Lassen Sie sich die zeitgenössischen Vertreter nicht entgehen! Gute Adressen sind die *Wei-Ling-Gallery (8 Jalan Scott, Brickfields, Kuala Lumpur, www.weiling-gallery.com, Foto)* und das *Instant Café House of Art and Ideas (6 Jalan 6/3, Section 6, Petaling Jaya, www.instantcafetheatre.com)*. In Letzterem lässt sich problemlos ein halber Tag verbringen. Es gibt Lesungen, Diskussionsrunden, Fotografien sowie eine Bühne und DJs legen auf.

Aufgekocht

Kurse Bami Goreng, Sambal und Nasi Goreng sind wohl fast jedem ein Begriff. Wer glaubt, damit kenne er die malaysische Küche, irrt! Sie bietet unzählige Varianten und damit unendlich viele Geschmackserlebnisse. Um die zu erleben, lohnt sich ein Kochkurs. Bei *Pickles and Spices (Penang, www.pickles-and-spices.com)* lernen die Schüler typisches Straßenfood, aber auch das traditionelle Frühstück kennen und erfahren, wie man Kokosmilch gewinnt. *Rohani (Kuala Lumpur, www.rohanijelani.com, Foto)* ist die Meisterin des Foodstyling. Sie bringt einem nicht nur das Kochen, sondern auch das kunstvolle Arrangieren bei. Die typische Peranakanküche, die chinesische und malaysische Einflüsse vereint, probieren Schüler im *The Majestic (Melaka, www.majesticmalacca.com)* aus.

4

Hoch hinaus

Klettern Granit, Sandstein und Kalk – bei diesen Worten merken passionierte Kletterer auf. In Malaysia ist der Sport noch jung, bei der Vielzahl der Kletterfelsen entwickelt sich die Szene jedoch rasch. Populär sind die Felswände nahe Kuala Lumpur, wie die gut erreichbaren *Batu Caves* mit etwa 170 Routen und der Monolith *Bukit Takun*, der auf dem Golfplatz im Templer's Park emporragt. Einen Überblick über Klettermöglichkeiten bietet *Climb Malaysia (www.facebook.com/ClimbMalaysia)*. *Verticale (2-105, Jalan Prima SG 3/2 Taman Sri Gombak, www.verticale.my)* hilft nicht nur bei der Routenwahl. Die Profis dort organisieren auch Touren und Kurse für alle Niveaus. In ihrem Laden nahe den Batu Caves können Sie Ausrüstung kaufen und leihen.

5

STICHWORTE

A NIMISMUS

Im gesamten südostasiatischen Raum war die ursprüngliche Religion der Animismus, der in den malaiischen Einflussphären von großer Toleranz und Offenheit gegenüber neuen Einflüssen und Konzepten geprägt war. Für jene Ureinwohner, die noch heute den Animismus praktizieren, sind Omen in der Natur, Träume und die Kommunikation mit Verstorbenen von großer Bedeutung. Auch Chinesen pflegen ihre Beziehung zu Schutzgeistern und Ahnen. Schamanen und Hexenmeisterinnen sterben zwar langsam aus, aber der uralte Glaube wurzelt tief. Selbst wenn sich moderne Malaysier zu einer der Weltreligionen bekennen – an der Effizienz von weißer und schwarzer Magie zweifeln nur wenige.

B RUNEI

Brunei-Darussalam war bereits im 15. Jh. ein mächtiges Sultanat, das sich bis ins heutige philippinische Staatsgebiet erstreckte. Es ging im Lauf der Geschichte aber fast unter, dann wurde 1929 vor der Küste Erdöl entdeckt. Erst 1984 wurde das kleine Land unabhängig, bis dahin stand es als Protektorat unter britischem Schutz. Der absolute Herrscher Sultan Hassanal Bolkiah gilt als einer der reichsten Monarchen der Welt und beschert Brunei einen Wohlstand sondergleichen: keine Steuern, freie Kranken- und Rentenversicherung sowie Spitzenlöhne. Der Staat ist gemessen am Bruttoinlandsprodukt pro Kopf das sechstreichste Land der Erde, mit einem Durchschnittseinkommen, das mehr als

---

Schwarze und weiße Magie, märchenhaft reiche Herrscher und uralte Regenwälder – Malaysia ist ein Land voller Exotik

20 Prozent über dem von Deutschland liegt. Für unliebsame Arbeiten wird ein Heer von Gastarbeitern aus Malaysia, Indonesien, den nahen Philippinen und anderen Ländern beschäftigt. So fällt es den rund 400 000 Einwohnern des kleinen Ministaats (5765 km^2) leicht, ihrem Herrscher den teuren Palast mit 1788 Räumen auf einer Fläche von 28 Fußballfeldern, eine Armada aus 2500 italienischen, englischen und deutschen Luxuskarossen und die 200 argentinischen Polopferde zu gönnen.

B UMIPUTRA

Landwirtschaft, Fischerei und Jagd sind traditionellerweise Sache der hier lebenden Volksgruppen (Protomalaien) sowie der vorwiegend aus dem indonesischen Raum stammenden Malaien. Malaien und Protomalaien werden als Bumiputra („Söhne der Erde") vom Staat mit Privilegien gefördert (z. B. Steuervergünstigungen, leichterer Zugang zu Regierungspositionen und Universitäten, bessere Bankkonditionen). In Politik und Gesellschaft sind sie heute führend, aber an der Spitze der Wirtschaft stehen nach wie vor die Chinesen. Sie trieben seit ewigen Zeiten Handel mit den Malaien und wanderten im 19. Jh. im Zuge des Zinnbooms zu Hunderttausenden ein.

Beeindruckend: Riesenblume Rafflesia

Chinesen stellen heute 24 Prozent der Bevölkerung. Die britischen Kolonialherren holten im 19. Jh. zudem massenweise indische Plantagenarbeiter ins Land. Sie machen heute etwa sieben Prozent der Malaysier aus. Verwirrung gibt es beim unterschiedlichen Gebrauch der Begriffe Malaysier und Malaien: Letztere sind Angehörige der malaiischen Volksgruppe, also der Bumiputra. Alle unterschiedlichen Ethnien zusammen – Malaien, Chinesen, Inder und die Nachkommen der Protomalaien – sind dagegen Malaysier, also Staatsbürger Malaysias.

Yang di-Pertuan Agpong ist der Titel des malaysischen Königs. Zum „Ersten unter den höchsten Durchlauchten" wird jeweils für die Amtszeit von fünf Jahren einer der Sultane gewählt, die in den neun Bundesstaaten das Reich ihrer Vorväter repräsentieren (in Melaka, Penang, Sarawak und Sabah regiert ein Gouverneur). Die Allüren und Eskapaden mancher *royals* stehen denen der britischen in nichts nach.

DRACHEN UND GASING

Im Bundesstaat Kelantan erfreuen sich hoch in den Lüften kreisende, bunte Drachen aus Bambus und Seidenpapier, mit Flügelspannweiten von bis zu 2,5 m, noch immer großer Beliebtheit. Bei professionellen Wettbewerben treten die besten Drachenflieger gegeneinander an. Dabei wird nicht nur das Flugverhalten, sondern auch der vom *wau* (Drachen) ausgehende Klang und die Eleganz seines Aussehens bewertet. Es braucht übrigens zwei Männer, um einen Drachen zu führen. Noch anspruchsvoller ist *gasing*, das Kreiselspiel: Der Werfer rollt auf einer tellergroßen Holzscheibe (mit Zinnrand bis zu 7 kg schwer) ein Seil fest und schießt die Scheibe mit voller Kraft und Präzision gen Boden. Ein zweiter Spieler fängt diesen Kreisel mit einer flachen Holzschaufel auf und setzt ihn auf einen Pflock, wo er weiter dreht und dreht. Gewonnen hat derjenige, dessen

Kreisel als Letztes aufhört, sich zu drehen. An der Ostküste der Halbinsel sind die Spiele auf Volksfesten und in den Kulturzentren zu sehen.

FLORA UND FAUNA

Dank der stabilen klimatischen Verhältnisse sind Malaysias tropische Regenwälder älter als die des Amazonas. In Millionen von Jahren konnte sich die Flora und Fauna hier extrem vielseitig entwickeln. Allein auf der Halbinsel wachsen 8500 Pflanzenarten. Neben mehr als tausend Orchideenarten gedeiht in Malaysia auch die Rafflesia. Sie ist mit bis zu einem Meter Durchmesser die größte Blüte der Welt. In den Regenwäldern der Flachlandzonen leben große Säugetiere wie Leopard, Wildbulle *(seladang)*, Elefant, Nashorn, Orang-Utan, Tiger und Tapir, die Sie aber höchstwahrscheinlich auch bei einer ausgedehnten Dschungeltour nicht zu Gesicht bekommen werden. Ihr Lebensraum wird durch die Rodung der Wälder, die kontinuierlich voranschreitende Ausbreitung der Ölpalmplantagen und die Ausdehnung urbaner Siedlungen immer mehr eingeschränkt. Zahlreicher als die Säugetiere sind noch die Vogelarten. Mehr als 600 wurden bislang gezählt, unter ihnen Königsfischer, Bienenfresser, Silberreiher und Eisvogel. Auch 150 000 Insektenarten sollen in Malaysia beheimatet sein, außerdem Krokodile, Echsen und viele Schlangenarten (z. B. Kobra, Viper und Python).

KRIS

Als Waffe aus Tausendundeiner Nacht, die den Träger unverwundbar, gar unsichtbar machen kann, ist der magische *kris* eine Legende. Rar geworden sind die Meister *(empu)*, die diesen Dolch, von Zeremonien und Meditationen begleitet, in einem langwierigen, aufwendigen Prozess schmieden. Die Klinge ist gerade, geschwungen oder wie eine Schlange geformt, der Griff ein geschnitztes Kunstwerk aus Edelhölzern, Knochen, Elfenbein oder Silber. Bis zur Perfektion beherrschten die Meister die Waffe im traditionellen Selbstverteidigungskampf *silat melaya*. Besonders schöne Sammlungen der magisch geladenen Dolche finden Sie im Islamic Arts Museum in Kuala Lumpur oder im Terengganu-Nationalmuseum in Kuala Terengganu.

NAMEN

Malaien setzen anstelle des Nachnamens den Namen des Vaters hinter den eigenen; somit ist Herr Rewat Mohamed Mr. Rewat. Chinesen stellen ihren Vornamen (sofern er kein westlicher ist) hinter die Familiennamen – Frau Jap Kit Loo wird als mit Mrs. Jap angesprochen. Inder wiederum stellen oft die Initialen des väterlichen Namens vor den eigenen. Fragen Sie Ihr Gegenüber im Zweifelsfall nach der richtigen Anrede. Darüber hinaus gibt es einige sehr dezidierte Regeln: Männer werden von Jüngeren mit *uncle* (Onkel) angesprochen, Frauen entsprechend als *aunty* (Tante). Jüngere Menschen, z. B. eine Kellnerin oder einen Kellner im Restaurant, kann man durchaus mit *adik* (kleiner Bruder oder kleine Schwester) ansprechen. In der Familie hat jeder Bruder einen eigenen Titel: Der älteste heißt *abang long*, der nächste *abang ngah* und so weiter. Entsprechendes gilt für Schwestern: *kak long* ist die älteste, *kak ngah* die zweite usw. Sich nur mit dem Namen anzusprechen, gilt als unhöflich.

RUBBER RIDLEY

Der Brite Henry N. Ridley schmuggelte 1888 Sprösslinge des brasilianischen Gummibaums (lat. *hevea brasili-*

ensis) aus dem Land und brachte sie über den Umweg London nach Singapur. Dort propagierte der ehemalige Direktor der Kew Gardens, des königlichen Botanischen Gartens in London, den Anbau der Pflanzen mit einer solchen Überzeugung, dass er nur noch Rubber Ridley genannt wurde. Es zeigte sich schnell, dass Ridley das richtige Gespür besessen hatte: Malaysia stieg zu einem der bedeutendsten Kautschukproduzenten der Welt auf. Bis in die 1980er-Jahre boomte das Geschäft mit dem weißdicklichen Saft des Gummibaums. Mittlerweile ist das Land, nach Thailand und Indonesien, nur noch der drittgrößte Hersteller von Kautschuk, auch weil Malaysia noch einen anderen, lukrativeren Nutzbaum gefunden hat: die Ölpalme (lat. *elaeis guineensis*). Sie wird überall im Land in riesigen, aus ökologischer Sicht fatalen Monokulturen angebaut. Das aus ihren Früchten gewonnene Öl macht ein gutes Drittel der Weltproduktion aus. Beide Rohstoffe werden in Industrieländern für zahllose Produkte verwendet, und beide tragen in Malaysia weit mehr zur Schrumpfung des Regenwalds bei als das Geschäft mit Tropenholz.

S CHILDKRÖTEN

Immer seltener schleppen sich nachts die mächtigen Suppen- und Karettschildkröten an die Strände der Ostküste, Sabahs und Sarawaks, buddeln einen Graben und legen 40 bis 150 Eier hinein. Um den schwindenden Zahlen entgegenzuwirken, entnehmen Ranger im Rahmen von Schutzprojekten die „Pingpongbälle" und vergraben sie in Aufzuchtstationen, wo die Eier geschützt vor Feinden heranreifen können. Sind die Jungen nach 50 bis 60 Tagen aus dem Sand gekrabbelt, geht es im Schutz der Nacht zum Meer. Allerdings überleben nur rund zwei Prozent die gefährliche Zeit des Heranwachsens. Doch vielleicht ist darunter ein Weibchen, das nach 15 bis 20 Jahren an den Geburtsstrand zurückfinden wird, um seinerseits dort Eier abzulegen.

U REINWOHNER BORNEOS

In 40 000 Jahren haben sich auf Borneo sehr unterschiedliche Volksgruppen herausgebildet. Im heutigen Sarawak machen die einst als Kopfjäger gefürchteten *Iban* ein Drittel der Bevölkerung aus. Viele von ihnen leben in Langhäusern und bauen Tapioka, ein Wurzelgemüse, an. Die *Bidayuh* (etwa acht Prozent der Einwohner Sarawaks) sind in den Gebirgsregionen des westlichen Regenwalds beheimatet, die *Melanau* (sechs Prozent) leben als Küstenbewohner von der Fischerei und dem Anbau der Sagopalme. Die *Orang Ulu* (fünf Prozent) setzen sich aus 21 Untergruppen zusammen – dazu gehören die *Kelabit*-Reisbauern des Bareo-Hochlands und die von den Früchten des Regenwalds lebenden *Penan*.

In Sabah stellen die 30 Ureinwohnervölker noch rund 70 Prozent der Einwohner. Die *Kadazan*, ein Drittel der Bevölkerung Sabahs, betreiben Reis- und Gemüseanbau. Die 40 000 *Muruts* lebten ursprünglich vom Wanderfeldbau und der Blasrohrjagd. Die *Bajaus* (14 Prozent der Einwohner) wiederum waren einst Seenomaden, bevor sie sich an der Westküste ansiedelten.

V OGELNESTSUPPE

Abertausende von Salanganen (Seglervögel) bauen in den Tropfsteinhöhlen Borneos Nester aus Speichel. Chinesen schätzen diese *bird's nests* seit tausend Jahren als Delikatesse in Suppen. Die Sammler klettern halsbrecherisch an Bambusstangen und Rattanleitern die Höhlenwände hoch: das erste Mal, bevor die Salanganen die Eier gelegt haben, sodass Zeit für den zweiten Nestbau bleibt, und das zweite Mal, wenn die Jungen ausgeflogen sind. Die exklusive Delikatesse erhält zunehmend Konkurrenz von Nestern aus Schwalben-Moschee steht, überlebten nur 18 (reich gewordene) Männer Tropenkrankheiten und Kriminalität. In der Folgezeit kamen immer mehr chinesische Einwanderer aus ihrem von Hungersnöten, Überschwemmungen und Armut geplagten

Die junge Kadazan-Frauen in Sabah gehören zu den Ureinwohnern der Insel Borneo

farmen, die in leer stehenden Häusern und Schuppen eingerichtet sind und an Gefängnisse erinnern.

ZINN

Malaysia war vom Ende des 19. Jhs. an für fast einhundert Jahre der größte Zinnproduzent der Welt. Bereits vor über 500 Jahren begann man damit, das Erz zu schürfen, das die wirtschaftliche Entwicklung und ethnische Zusammensetzung Malaysias nachhaltig beeinflussen sollte. Von den ersten 87 Chinesen, die zu Beginn des Booms im Jahr 1857 dort Zinn gefunden hatten, wo heute im Zentrum von Kuala Lumpur die Jamek-Vaterland, um ihr Glück im Zinngeschäft in British Malaya zu versuchen. Wenige von ihnen brachten es zu Reichtum und Macht, viele hingegen ließen bei Unfällen ihr Leben oder gaben all ihre Einkünfte für den Opiumkonsum, beim Glücksspiel oder für Prostituierte aus. Es war ein raues, hartes, von Männern dominiertes Leben. Erst im 1912 wurde es mit der Einführung des Dredging, einer Förderungsmethode, bei der riesige, schwimmende Schaufelbagger den schlammigen Boden umgruben, weniger arbeitsintensiv. Bis in die 1980er-Jahre hinein kamen etwa zwei Drittel des Weltbedarfs an Zinn aus Malaysia.

ESSEN & TRINKEN

Essen spielt in Malaysia eine wichtige Rolle. Wenn Sie eine malaiische Familie besuchen, wird „Sudah makan?" die erste Frage nach der Begrüßung sein: „Hast du schon gegessen?"

Malaysias kulturelle Vielfalt spiegelt sich auch in den Speisen wider. *Satay, kwai teow* oder *tandoori chicken* – jede ethnische Gruppe hat ihre Spezialitäten. Das Land ist ein Paradies für Feinschmecker: An jeder Ecke gibt es Essensstände und einfache Restaurants, in denen man für umgerechnet einen Euro ein vollwertiges, köstliches Mittag- oder Abendessen bekommt. Selbst in den besseren Lokalen zahlt man nur zwischen fünf und zehn Euro für ein komplettes Menü. Meist sehr viel teurer sind die Restaurants in Fünf-Sterne-Hotels, womit aber nicht zwingend eine bessere Qualität des Essens einhergeht. Auch in den internationalen Restaurants zahlen Sie mehr, da die Zutaten für die Speisen importiert werden müssen.

Traditionell essen Malaien und Inder mit der rechten Hand, die Chinesen mit Stäbchen – Besteck gibt es aber überall. Während des Fastenmonats Ramadan bleiben malaiische Lokale bis zum Sonnenuntergang geschlossen.

Reis *(nasi)* und Nudeln *(mee)* bilden die Basis der Ernährung. *Sambal,* eine mit zerstoßenem Chili und Knoblauch angereicherte Shrimppaste, ist den Malaien als Beigabe unentbehrlich, die meisten Europäer finden sie aber zu scharf. Überhaupt finden Gewürze in der Küche der Malaien reichlich Anwendung. Rind

Bild: Satay mit Erdnussauce und Gurkenschnitzen

Eine wahre Kulturreise für den Gaumen: Der Vielvölkerstaat bietet reichlich Abwechslung und hat große kulinarische Erlebnisse in petto

(lembu), Huhn *(ayam)*, Ziege *(kambing)* oder Lamm *(kambing)* und Fisch *(ikan)* werden in Currys *(karı)* zubereitet, und in verschiedenen Saucen mit Kokosmilch, Ingwer, Chili, Knoblauch, Gelbwurz *(tumeric)*, Garnelenpaste *(belacan)* und zahlreichen anderen exotischen Zutaten verfeinert.

Die Chinesen pflegen auch in Malaysia diverse regionale Küchen: Eine Spezialität der kantonesischen sind *dim sum,* kleine Häppchen wie Frühlingsröllchen oder gedämpfte beziehungsweise gebratene Klößchen, die vom Frühstück bis zum Mittagessen serviert werden. In der würzigen Szechuan-Küche wird viel Chili und Knoblauch verwendet, aus Peking stammen viele Nudelgerichte und aus Shanghai Eintöpfe. Populär ist *steamboat,* eine Art Fondue, bei dem Gemüse, Fleisch- und Fischsorten in eine kochende Bouillon getaucht werden. Mutige Gäste probieren Fischkopfcurry oder die berühmte Vogelnestsuppe.

Vor allem in Melaka und Penang ist die *Nyonya*-Küche verbreitet, eine Ver-

SPEZIALITÄTEN

CHINESISCH

▶ **Bak kut teh** – ein bräunlicher, sehr würziger Eintopf aus fettem Schweinefleisch, Pilzen, Tofu, chinesischen Kräutern und Gewürzen

▶ **Hainanese chicken rice** – zartes Hühnerfleisch auf Reis, garniert mit Frühlingszwiebeln, Koriander und Gurkenscheiben

▶ **Pau** – gedämpfte Hefeteigklöße mit verschiedenen Füllungen (Schweinefleisch, Ei, rote Bohnenpaste, Gemüse); zum Frühstück oder als Imbiss gegessen

INDISCH

▶ **Korma** – Fleisch oder Gemüse in einer milden, aromatischen Currysauce; als Beilage gibt es Reis oder *naan* (Foto li.)

▶ **Nasi biryani** – Reis, der zusammen mit Fleisch (meist Lamm oder Huhn), Gemüse und Gewürzen langsam gegart und mit *chutneys*, Joghurt und anderen Beilagen serviert wird

▶ **Samosa** – ausgebackene, dreieckige Teigtäschchen mit Gemüse- oder Fleischfüllung; zum Eintunken gibt es eine süße Sauce; meist als Vorspeise

MALAIISCH

▶ **Hokkien hae mee** – Nudelsuppe mit Shrimps; wird in Kuala Lumpur als *Hokkien char mee* mit Fleisch oder Fisch angeboten

▶ **Ice kacang** – frisch geraspeltes Eis mit süßem Sirup und mit marinierten Früchten, Gelees und roten Bohnen garniert; ein neuartiges Desserterlebnis!

▶ **Ikan panggang** – in Bananenblätter eingewickelter und auf Holzkohle gegrillter Flussfisch

▶ **Laksa** – eine Suppe, die sauer (mit Tamarinde) oder als Variante mit Kokosmilch, Fleisch oder Fisch und Nudeln zubereitet wird (Foto re.)

▶ **Nasi lemak** – Reis in Kokosnussmilch gekocht und serviert mit frittierten Anchovis, einer kleinen Portion *rendang* oder Huhn, gerösteten Erdnüssen, hart gekochtem Ei, Gurkenscheiben und *sambal*

▶ **Rendang daging** – in Kokosmilch und Gewürzen gegartes Rindfleisch

▶ **Satay** – über Holzkohle gegrillte Fleischspießchen serviert mit einer würzigen, dicken Erdnusssauce, Gurken, Zwiebeln und in Würfel geschnittenem Klebreis *(ketupat)*

schmelzung aus chinesischer und malaiischer Kochkunst. Typisch für sie sind exotische Salate sowie *laksa*, ein reichhaltiger, dickflüssiger Nudeleintopf auf Fischbasis.

Die Tamil-Küche der Südinder ist mit einer großen Auswahl an Gemüse eine Wohltat für Vegetarier. Versuchen Sie das Linsengericht *dal, palak paneer* (Spinat mit Frischkäse) oder *ladyfingers* (Okraschoten). *Idli* sind weiße, dicke, gedämpfte Küchlein aus zermahlenen fermentierten Linsen oder Reis, die in Südindien zum Frühstück zusammen mit *chutneys* gegessen werden, ebenso wie *dosa*, dünne, große, knusprige Pfannkuchen. Mit einem aromatischen Gemüsecurry gefüllt werden sie als *masala dosa* bezeichnet.

Die reichen Saucen der nordindischen Küche genießen Sie am besten mit *naan*. Diese pizzateigähnlichen Fladenbrote kommen aus dem *tandoor*, einem tonnenförmigen Lehmofen, in dem auch mariniertes Fleisch am Spieß gegart wird. *Roti canai* sind eine köstliche Alternative zum langweiligen Toastfrühstück: Die Köche backen hauchdünne Pfannkuchen auf einer Herdplatte aus, legen die *roti* dann zusammen und servieren sie mit einer Sauce zum Eintunken. Wenn sie mit Eiern oder Fleisch gefüllt sind, heißen die Pfannkuchen *murtabak*.

Auf Borneo können Sie auch Dschungelprodukte kosten: etwa wildes Farngemüse, Pilze, Wildschweinbraten und Fische oder Krebse aus den Flüssen.

Vor allem die chinesische Küche bietet eine reiche Auswahl an Meeresfrüchten: Fisch, Muscheln, Garnelen, Krebse und Tintenfisch gibt es in verschiedenen Varianten und vielseitigen Zubereitungsarten. Preislich ist ein solches Seafood-Dinner immer deutlich höher angesiedelt als ein vergleichbares Abendessen ohne Meeresfrüchte.

Früchte bekommen Sie am besten auf dem Markt. Von April bis August werden Sie sich wundern, warum ausgerechnet die Stinkfrucht *durian* Königin der südostasiatischen Obstvielfalt sein soll. Halten Sie sich die Nase zu und probieren Sie das weißlich-cremige Fruchtfleisch – Sie

Leckere Häppchen: chinesische *dim sum*

werden entweder von dem vanilleartigen Geschmack begeistert sein oder sich nie wieder freiwillig in die Nähe einer *durian* begeben. Wassermelonen, Sternfrucht, Ananas, Bananen, Papaya, Äpfel und Orangen gibt es das ganze Jahr über, anderes Obst wie Mangos, Guaven, Pomelos, Rambutan, Litschis oder Mangostanen sind dagegen nur saisonal erhältlich.

Der Saft junger Kokosnüsse (*kelapa muda*) ist ein populärer Durstlöscher. Tee (*teh*) und Kaffee (*kopi*) serviert man schwarz (*oh*) oder mit süßer Kondensmilch (*susu*). Alkoholische Getränke werden Ihnen nur in chinesischen, manchen indischen und westlichen Restaurants ausgeschenkt. Auf Borneo produzieren die Einheimischen Reiswein, der in Sarawak *tuak* und in Sabah *tapai* genannt wird, sowie Palmweine variierender Potenz.

EINKAUFEN

Ganz unasiatisch wird den Touristen in Malaysia von den Verkäufern keine Ware aufgedrängt. Sie können in aller Ruhe und ohne Kaufdruck stöbern.

EINKAUFSZENTREN

In und um Kuala Lumpur gibt es riesige Shoppingtempel, die alle westlichen Konsumgüter führen. Zu den nobelsten und teuersten gehören das *Suria KLCC (www.suriaklcc.com.my)* direkt an den Twin Towers und das *Pavilion (www.pavilion-kl.com)* am Bukit Bintang *(www.starhillgallery.com)*. Das in Petaling Jayas Stadtteil Subang gelegene *Sunway Pyramid (www.sunwaypyramid.com)* ist Einkaufszentrum und Themenpark zugleich. Interessant ist ein Bummel durch das bereits 1977 eröffnete *Sungei Wang Plaza (www.sungeiwang.com)*. Hier bieten über 700 Läden Waren aller Art zu erschwinglichen Preisen. Das größte Shoppingcenter Malaysias ist das *Berjaya Times Square (www.timessquarekl.com)*, in dem Sie auch eine Achterbahn finden.

HOLZ

Holzschnitzereien gibt es vor allem in Sarawak und Sabah. Sie werden in einigen Geschäften rund um den Central Market in Kuala Lumpur sowie natürlich vor Ort verkauft. Die **INSIDER TIPP** Holzmasken, die die *Mah Meri* auf der Port Klang vorgelagerten Insel Carey aus tropischem Hartholz herstellen, sind äußerst ausdrucksstark. Verbinden Sie einen Besuch des Eilands mit einem Mittag- oder Abendessen in einem der vielen Seafoodrestaurants.

MÄRKTE

Dichtes Gedränge herrscht auf dem *Nachtmarkt in der Petaling Street* von Kuala Lumpur. Neben Obst und Speisen finden Sie hier Kleidung, Taschen aller Art oder Uhren. Doch Vorsicht: Es handelt sich häufig um kopierte Markenwaren, deren Einfuhr in die Länder der EU verboten ist!

Vergessen Sie nicht, zu handeln. Die erstgenannten Preise sind in der Regel stark erhöht und können deutlich gedrückt werden. Viel weniger auf Tourismus ausgerichtet sind die meisten anderen Nachtmärkte im Land. Das Angebot konzentriert sich dort auf Lebensmittel, Kleidung und lokale Speisen. Ein Besuch bietet einen, wenn auch flüchtigen, Einblick in die Lebensgewohnheiten der

Ob Batik- und Ikatstoffe, Holzschnitzereien oder Silberschmiedearbeiten – die schönsten Souvenirs sind feine Handwerksprodukte

Menschen. Die Preise auf den Märkten sind die landesüblichen, d. h. ohne Touristenzuschlag. Dennoch: Außer in Kaufhäusern mit ausgepreisten Waren ist es üblich, zu handeln oder nach einem Rabatt zu fragen *("Is there any discount?")*.

STOFFE

In Malaysia sind Batikstoffe sehr beliebt, nicht nur bei formellen Anlässen. Hergestellt werden die Stoffe insbesondere in Kelantan und Terengganu an der Ostküste. Einige Muster finden Sie auf der Website *www.kelantanbatik.bravehost. com*. Hier können Sie vor Ort bei der Batikproduktion zuschauen: *Nordin Batik (Wisma Nordin | Lot 74, Kg. Paloh, Jalan Pintu Geng | Kota Bharu | Kelantan | Tel. 09 7473397 | www.nordinbatik.com)* oder im *Kompleks Kraf (Section 63 | Jalan Conlay | Kuala Lumpur | Tel. 03 21627459 | www.kraftangan.gov.my)*. Auch in der großen *Kompleks-Kraf*-Filiale auf Langkawi können Kunsthandwer-

ker bei der Arbeit beobachtet werden. Wunderschöne Ikatstoffe, die *pua kumbu*, stellen die Iban in Sarawak her. Die Muster entstehen durch Abbinden der Fäden und mehrere Färbvorgänge vor dem Weben. Ein Besuch im *Textilmuseum (tgl. 9–16.30 Uhr | Eintritt frei | Jalan Haji Openg | Kuching)* schärft den Blick, denn vieles, was als Souvenir angeboten wird, ist Fabrikware.

ZINN & SILBER

In einer Fabrik bei Kuala Lumpur wird Zinn zu Gebrauchs- und Dekorationsgegenständen verarbeitet. Die *Royal Selangor* ist eine der größten Firmen, ihre Produkte finden Sie in jedem großen Einkaufszentrum. Wunderschön und kunstvoll sind die Silberschmiedearbeiten mit filigranen Mustern, die vor allem an der Ostküste Malaysias hergestellt werden. Die Produkte sind in einigen Silberwarenläden und in den *Kompleks-Kraf*-Filialen erhältlich.

DIE PERFEKTE ROUTE

KONTRASTE ENTLANG DER WESTKÜSTE

Die moderne Hauptstadt **❶ *Kuala Lumpur* → S. 41** (Foto li.) ist der ideale Startpunkt für eine Tour durch den Vielvölkerstaat Malaysia. Nachdem Sie sich akklimatisiert haben, durch die Straßen der geschäftigen Chinatown geschlendert sind und von den Petronas Twin Towers auf die Metropole herabgeblickt haben, geht es nach Tanah Rata in die **❷ *Cameron Highlands* → S. 48**. Sie dienten bereits britischen Kolonialbeamten als angenehm temperierter Rückzugsort. Im grünen Hochland können Sie Wanderungen unternehmen und Teeplantagen besichtigen.

VON HÖHLEN UND HÄUSERN

Nach zwei Stunden Fahrt ist bereits die alte Zinnmetropole **❸ *Ipoh* → S. 38** erreicht, die mit kulinarischen Leckerbissen, kolonialen Verwaltungsgebäuden und in Karstfelsen gelegenen Höhlentempeln überrascht. Von hier sind es weitere vier Stunden bis auf die Insel Penang mit der zum Unesco-Weltkulturerbe erhobenen Altstadt von **❹ *Georgetown* → S. 32**. Die gepflegten Shophäuser und pittoresken Straßenzüge laden zu einem Spaziergang ein, bei dem Ihnen das einmalige Völkergemisch des ehemaligen Straits Settlements auffallen wird. Von hier aus können Sie mit der Fähre auf die Insel **❺ *Pulau Langkawi* → S. 54** übersetzen, die perfekt für ein paar Tage Strandurlaub und einen Segeltörn ist.

KULTUR- UND NATURPROGRAMM

Nun steht die Ostküste auf dem Programm. Kulturinteressierte legen einen Stopp in **❻ *Kota Bharu* → S. 58** ein und machen sich mit der traditionellen malaiischen Kultur vertraut. Sonnenhungrige fahren gleich weiter auf die beiden vorgelagerten Inseln **❼ *Pulau Perhentian* → S. 62**, die auch zum Tauchen perfekte Bedingungen bieten. Weiter südlich in **❽ *Kuala Terengganu* → S. 63** warten ein vielseitiges Museum, ein farbenprächtiger Markt und eine gläserne Moschee auf Ihren Besuch. Auf dem Weg entlang der Ostküste über Kuantan in den größten und ältesten Nationalpark des Landes **❾ *Taman Negara* → S. 70** gelangen Sie immer wieder zu kilometerlangen, menschenleeren Stränden. Im tropischen Regenwald des Landesinneren angekommen, sollten Sie sich den Canopy Walkway nicht entgehen lassen. Von den Wipfeln aus sieht der Urwald ganz anders aus als am Boden. Zu guter Letzt lohnt die ehemalige Handelsmetropole **❿ *Melaka* → S. 50** einen

Erleben Sie die vielfältigen Facetten Malaysias im Westen und Osten der Halbinsel sowie in Sarawak und Sabah auf Borneo

Besuch, die mit einem ganz eigenen Flair und einer gepflegten Altstadt überrascht. Vom nordöstlich zwischen der Stadt und Kuala Lumpur gelegenen internationalen Flughafen bestehen regelmäßige Verbindungen nach Ostmalaysia.

AB NACH BORNEO

Erster Zwischenstopp ist das multikulturelle und entspannte **11** *Kuching → S. 73*. Hier können Sie in kleinen Läden Kunsthandwerk einkaufen und an Essenständen frische Meeresfrüchte verzehren. Zudem sind Ausflüge in die Nationalparks, Langhäuser und das Cultural Village in der Umgebung möglich. Per Flugzeug geht es dann via Miri zu einem Abstecher in den **12** *Gunung Mulu National Park → S. 83*, der für sein riesiges Höhlensystem berühmt ist und Sie mit seinen Naturattraktionen überwältigen wird.

IN HÖCHSTE HÖHEN

Ein weiterer Flug führt Sie nach Kota Kinabalu und von dort in den **13** *Mount Kinabalu National Park → S. 91*. Gipfelstürmer werden sich die Besteigung des mit 4095 m höchsten Bergs Malaysias nicht entgehen lassen, alle anderen können auch an seinen Hängen inmitten der Bergwälder wunderbar wandern. Zum Abschluss besuchen Sie von Sandakan aus das informative **14** *Sepilok Orang Utan Sanctuary → S. 95* und verbringen ein paar Tage am **15** *Kinabatangan River → S. 94* (Foto li. u.), der Ihnen nicht nur wegen der vielen exotischen Tiere lange in Erinnerung bleiben wird.

3460 km (inklusive Flüge). Empfohlene Reisedauer: min. 3 Wochen
Detaillierter Routenverlauf auf dem hinteren Umschlag, im Reiseatlas sowie in der Faltkarte

WESTEN DER HALBINSEL

An der Westküste verbinden sich der traditionelle Charme asiatischer Städte und die Errungenschaften der Moderne.

Anders als an der Ostküste haben die Städte der Westküste, insbesondere Melaka und Penang, eine uralte Handelstradition. Melaka wurde im 15. Jh. zu einem der wichtigsten Seehäfen der Welt. Zuerst fielen Portugiesen in Melaka ein, dann Holländer und zuletzt Engländer. Das erst Mitte des 19. Jhs. gegründete Kuala Lumpur, die heutige Hauptstadt mit ihrem Wahrzeichen, den Twin Towers, die während ihres Baus größten Bürotürme der Welt, hat sich zu einer modernen Metropole entwickelt.

Die Insel Langkawi im äußersten Nordwesten der Halbinsel kann mit feinen Sandstränden, faszinierender Natur und einer formidablen touristischen Infrastruktur punkten.

GEORGE-TOWN

(126 A2) *(⟨⟩ B3)* ⭐ „In Penang schlug uns, an einem heißfeuchten glanzvollen Abend, zum ersten Mal das quellende Leben einer asiatischen Stadt entgegen, wildes, farbiges Menschengewimmel in den immer vollen Gassen, nächtliches Kerzenmeer ..."

Das waren Hermann Hesses Eindrücke während seines Aufenthalts auf der Insel Penang im Jahr 1911. Bis heute hat sich Georgetown (400 000 Ew.), die Haupt-

---

Bild: Thean-Hou-Tempel in Kuala Lumpur

Tradition trifft Moderne: Tempel, Villen und das koloniale Erbe von Malaysias ältester Stadt neben futuristischen Wolkenkratzern

CITY ▶ WOHIN ZUERST?

Clock Tower: Starten Sie Ihren Bummel durch Georgetowns Altstadt beim Clock Tower, gegenüber dem Fort Cornwallis. Von hier aus erreichen Sie bequem sämtliche wichtigen Sehenswürdigkeiten. Zum Uhrenturm selbst kommen Sie mit einem der CAT-Busse. Sie sind kostenlos und funktionieren nach dem Hop-on-Hop-off-Prinzip.

stadt Penangs, ihren asiatischen Charme bewahrt. Die Gegend um die Straßen *Jalan Penang*, *Lebuh Chulia* und *Lebuh Pitt* mit den *rickshaws*, den chinesischen *shop houses* und Garküchen erscheint an manchen Orten wie ein Bild vergangener Zeiten. Der *Penang Heritage Trust (26, Lebuh Gereja | Tel. 04 2 64 26 31 | www. pht.org.my)* bietet verschiedene interessante Führungen durch Georgetown an. Penang mit seinen rund 1,6 Mio. Einwohnern, wovon etwa 50 Prozent Chinesen sind, ist nach Perlis der zweitkleinste

Das geschäftige Treiben auf Georgetowns Straßen hat schon Hermann Hesse beeindruckt

Bundesstaat Malaysias, zu dem neben der Insel ein schmaler Streifen auf dem Festland mit der Hafenstadt Butterworth gehört.

SEHENSWERTES

BOTANISCHER GARTEN ●

Hier erleben Sie die große Vielfalt der tropischen Pflanzen aus der Region auf einem 30 ha großen Areal. *Tgl. 5–24 Uhr | Eintritt frei | Jalan Kebun Bunga*

HISTORISCHE STADTHÄUSER

The Blue Mansion, die zwischen 1896 und 1904 erbaute Villa des chinesischen Geschäftsmanns Cheong Fatt Tze, fasziniert durch ihre ausgeklügelte und nach den Feng-Shui-Regeln konstruierte Architektur. In der 38-Zimmer-Villa *(Führungen tgl. 11, 13.30 und 15 Uhr | Führung RM 12 | 14, Leith Lebuh | www. cheongfatttzemansion.com)* können Sie auch übernachten. Das *Pinang Peranakan Mansion (tgl. 9.30–17 Uhr | Eintritt RM 10 | 29, Lebuh Gereja | www.pinang peranakanmansion.com.my)*, ein Ende des 19. Jhs. erbautes Stadthaus, beherbergt mehr als 1000 Antiquitäten.

KEK LOK SI ●

Die größte und schönste buddhistische Tempelanlage des Landes in Air Itam wird seit ihrer Gründung 1890 ständig erweitert. Die Gebetshallen, Höfe, Tempeltürme und Statuen, darunter eine 30 m hohe Göttin aus Bronze, werden von einer siebenstöckigen Pagode überragt. *Tgl. 9–18.30 Uhr | Spende erwünscht*

KOLONIALES ERBE

Der *Clock Tower*, der 18 m hohe Uhrturm, ist der ideale Ausgangspunkt für einen Spaziergang entlang der historischen Bauten. Schräg gegenüber wurde 1804 das *Fort Cornwallis (Mo–Sa 9–18 Uhr | Eintritt RM 3)* zur Festung ausgebaut. Man kann auf dem Gelände die sagenumwobene Kanone *Sri Rambai* begutachten. Jenseits des Platzes fällt der Blick auf die schneeweiße *City Hall* von 1903 und die benachbarte *Town Hall* von 1880. Auf der *Lebuh Farquhar* liegt das Gerichtsgebäude *(High Court).*

KONGSI

Ein *kongsi* ist Tempel und Versammlungshalle eines chinesischen Clans – entsprechend prachtvoll sind Architektur und

Räumlichkeiten. Das `INSIDER TIPP` *Khoo Kongsi (tgl. 9–17 Uhr | Eintritt RM 5 | 18, Lebuh Canon | www.khookongsi.com.my)* besteht aus Verwaltungsgebäude, Versammlungshalle, Opernbühne, 62 *shop houses* sowie Reihenhäusern und besticht durch das reich verzierte Dach. Das Museum veranschaulicht das Leben der frühen chinesischen Einwanderer und die Bedeutung der *kongsi*. Den Schutzgeistern ist der prunkvoll dekorierte Saal gewidmet. Auch das benachbarte *Cheah Kongsi* liegt in einem Innenhof, zu dem Gassen von der *Lebuh Armenian* und der *Lebuh Ah Quee* führen. Leichter zu finden ist das nah gelegene *Yeoh Kongsi (Lebuh Chulia)*.

PENANG HILL (BUKIT BENDERA) ☀

Vom 830 m hohen Penang Hill genießen Sie den Panoramablick über Insel und Meer. Die museumsreife Penang Hill Railway wurde durch eine moderne, klimatisierte Bahn *(Fahrten tgl. zwischen 6.30 und 21 Uhr | Hin- und Rückticket RM 30)* ersetzt. Aus den voll verglasten Wagen bietet sich Ihnen eine schöne Aussicht auf die Umgebung.

PENANG MUSEUM AND ART GALLERY

In einem Gebäude aus der Kolonialzeit werden die interessante Geschichte der Insel und die vielfältige Kultur ihrer Bewohner präsentiert. *Sa–Do 9–17 Uhr | Eintritt RM 1 | Lebuh Farquhar | www.penangmuseum.gov.my*

STRASSE DER HARMONIE ●

An der *Jalan Mesijd Kapitan Keling* (auch: *Lebuh Pitt*) stehen Gebetshäuser verschiedener Religionen harmonisch nebeneinander: An der Ecke *Lebuh Farquhar* befindet sich die *St. George's Church* von 1817, die älteste anglikanische Kirche des Landes, nicht weit davon entfernt der *Kuan-Yin-Tempel (Goddess of Mercy Temple, 1801)*. Aus ihm quellen Rauchwolken hervor, weil Gläubige vor dem Altar der Göttin der Barmherzigkeit Räucherstäbchen entzünden und Opfergaben verbrennen. In Sichtweite, in *Little India*, erbauten Hindus 1833 den

---

⭐ **Georgetown**
Eine der aufregendsten Städte Südostasiens, die besonders von chinesischen Einflüssen geprägt wurde
→ S. 32

⭐ **Islamic Arts Museum**
Das beeindruckende Haus in Kuala Lumpur gibt einen stilvollen Einblick in die islamische Kultur des Landes
→ S. 43

⭐ **Petronas Twin Towers**
Vom Doppelturm in der malaysischen Hauptstadt aus erleben Sie eine fantastische Aussicht auf die bunte Metropole → S. 44

⭐ **Cameron Highlands**
Angenehm kühle Luft, Teeplantagen und üppige Wälder erwarten die Besucher der populären Hillstation
→ S. 48

⭐ **National Elephant Conservation Centre**
Besuchen Sie die sanften grauen Riesen und gehen Sie mit ihnen auf Tuchfühlung → S. 49

⭐ **Baba Nyonya Heritage Museum**
In der Chinatown von Melaka erfahren Sie, wie komfortabel die reichen Kaufleute von einst gelebt haben
→ S. 50

MARCO POLO HIGHLIGHTS

Sri-Mariamman-Tempel. Der Eingang mit dem farbenfrohen Tempelturm liegt an der *Lebuh Queen*. An der Kreuzung *Lebuh Buckingham* steht die gemütlich wirkende, um 1800 gestiftete *Kapitan-Keling-Moschee.*

Theresa. *38, Lebuh Armenian | Tel. 04 2 61 89 35 | www.edelweisscafe.com | €€*

EDEN @ BATU FERRINGHI
Hier bekommen Sie gutes, wenn auch recht teures Seafood in touristischem

Anfang des 19. Jhs. von den ersten indischen Siedlern erbaut: die Kapitan-Keling-Moschee

ESSEN & TRINKEN

CHINA JOE'S
Der stilvoll dekorierte Teesalon liegt etwas versteckt nahe dem Koo Kongsi. Hier gibt es guten Kaffee und Eiscreme. *86, Lebuh Armenian | Tel. 04 2 62 72 99 | www.straitscollection.com.my | €€–€€€*

EDELWEISS CAFÉ
In einem schön restaurierten chinesischen *shop house* eingerichtetes Restaurant, das Bratwürste und andere Schweizer Gerichte serviert. Im ersten Stock finden Sie eine kleine **INSIDER TIPP** private Sammlung zur jüngeren (Kultur-)Geschichte Malaysias. Fragen Sie die Wirtin

Ambiente. *69 A, Batu Ferringhi | Tel. 04 8 81 12 36 | €€–€€€*

PASSAGE THRU INDIA
Kleines, freundliches und beliebtes indisches Restaurant. *Lot 1, Lebuh Leith | Tel. 04 2 62 46 44 | €*

EINKAUFEN

Ein Bummel durch die Gassen der Altstadt lohnt sich. Hier werden in zahlreichen kleinen Geschäften Antiquitäten, Stoffe, Kleidung, Tempelzubehör und vieles mehr angeboten. In der *Lebuh Chulia* und *Lebuh Campbell* finden Sie interessante Boutiquen. Die kleinen indischen Läden in der *Jalan Kapitan Keling* und den Seitenstraßen bieten Textilien, Gewürze und DVDs indischer Filme an. Das *Gurney Plaza*, ein modernes Einkaufszentrum, liegt am Gurney Drive im Vorort Pulau Tikus auf dem Weg nach Batu Ferringhi.

INSIDER TIPP **LITTLE PENANG STREET MARKET** ☺

Der Markt findet an jedem letzten Sonntag eines Monats im Fußgängerbereich der *Jalan Upper Penang* statt. Den größeren Teil der Verkäufer machen einheimische Wohltätigkeitsorganisationen aus. Künstler, Bands oder Tanzgruppen unterhalten das Publikum. *www.littlepenang.com.my*

AM ABEND

DISKOTHEKEN UND CLUBS

Das Nachtleben spielt sich in Georgetown vor allem in den großen Hotels ab. Die *Slippery Senoritas* in der Jalan Upper Penang in der Fußgängerzone und daneben das *Uptown Bistro* mit Livemusik und Restaurant sind in, genau wie das *Soho Free House* in der Jalan Penang. Einige der größeren Hotels bieten Clubs und (Karaoke-)Bars, in denen meist auch Livemusik gespielt wird.

ÜBERNACHTEN

BAYVIEW HOTEL

Von einigen der 333 Zimmer haben Sie Blick aufs Meer. Empfehlenswert ist das Büfett im sich drehenden Dachrestaurant. *25, Lebuh Farquhar | Tel. 04 2 63 31 61 | www.bayviewhotels.com/georgetown | €€–€€€*

EASTERN & ORIENTAL

In dem stilvollen, 1885 erbauten und kürzlich renovierten Luxushotel stiegen auch schon Hermann Hesse und Somerset Maugham ab. Es besitzt mehrere Restaurants und Bars. *10 Suiten | 10, Lebuh Farquhar | Tel. 04 2 22 20 00 | www.e-o-hotel.com | €€€*

HARD ROCK HOTEL

Strandhotel mit riesiger Poollandschaft und 250 Zimmern mit neuester Technik. Memorabila berühmter Rockmusiker schmücken das Café, dort und in der Lobby gibt es auch Livemusik; kinderfreundlich. *Batu Ferringhi | Tel. 04 8 81 17 11 | penang.hardrockhotels.net | €€€*

LOW BUDGET

▶ Die Tune-Hotels sind eng verbunden mit der Billigfluglinie AirAsia und funktionieren nach demselben Prinzip: Das Hotel bietet ein Basisangebot, Extras kosten. Das *Tune Hotel Kuala Lumpur* (U C1) (*c1*) ist das Flaggschiff der Kette und bietet günstige Übernachtungen im Herzen der Stadt. *173 Zi. | 316, Jalan Tuanku Abdul Rahman | Tel. 03 79 62 58 88 | www.tunehotels.com*

▶ Hochkultur zum Niedrigpreis: Das Weltklasseorchester MPO spielt für gerade mal RM 30 zur MPO Happy Hour in der Konzerthalle der Petronas Twin Towers (U F1) (*f1*). Unregelmäßig Mi 18.30 Uhr | Reservierung: Tel. 03 20 51 70 07 | www.mpo.com.my

▶ Ein ortstypisches Abendessen bei den legendären *foodstalls* in der Altstadt von Georgetown ebenso wie in Pulau Tikus am Meer sind ein Muss für Penang-Besucher.

Und abends 'ne Runde Billard: entspanntes Nachtleben in Georgetown

HUTTON LODGE

Einige der 25 sauberen Zimmer in einem netten alten Wohnhaus sind mit Gemeinschaftsduschen, andere ohne Fenster. Auch Betten im Schlafsaal gibt es. *17, Jalan Hutton | Tel. 04 2 63 60 03 | www.huttonlodge.com |* €

AUSKUNFT

TOURISM MALAYSIA

Viele Informationen zu Penang und anderen Zielen in Malaysia. *Jalan Tun Syed Sheh Barakbah | Tel. 04 2 62 20 93 | www.tourismpenang.net.my, www.visitpenang.gov.my*

ZIEL IN DER UMGEBUNG

BATU FERRINGHI (126 A2) (*ᗰ A3*)

Die meisten Urlauber übernachten in den Strandresorts von Batu Ferringhi im Norden der Insel, 40 km von Georgetown entfernt. Abwechslung zum Strandleben bieten Wanderwege im *Penang National Park*, die *Craft-Batik-fabrik (tgl. 9–17.30 Uhr | Tour kostenlos | Teluk Bahang | Tel. 04 8 85 12 84 | www. penangbatik.com.my)*, eine *Schmetterlingsfarm (tgl. 9–18 Uhr | Eintritt RM 27 | Richtung Balik Pulau | Tel. 04 8 85 12 53 | www.butterfly-insect.com)*, der *Tropical Spice Garden (tgl. 9–18 Uhr | Eintritt RM 145 | Richtung Teluk Bahang | Tel. 04 8 8 11 97 | www.tropicalspicegarden.com)* und die *Tropical Fruit Farm (tgl. 9–18 Uhr | Eintritt inkl. Tour RM 35 | Richtung Balik Pulau | Tel. 012 4 97 19 31 | www. tropicalfruitfarm.com.my)*.

IPOH

(126 B3) (*ᗰ B4*) **Die Hauptstadt von Perak (700 000 Ew.) lockt mit exzellenten Restaurants und einer Vielzahl von repräsentativen kolonialen Prachtbauten. Zudem liegen in der unmittelbaren Umgebung tolle Höhlen in steil emporragenden Kalksteinfelsen.**

Ihren Wohlstand verdankt die Stadt ihrer Lage im Kinta Valley, wo Mitte des 19. Jhs.

die größten Zinnvorkommen der Welt entdeckt wurden. Die boomende Zinnindustrie machte Ipoh in atemberaubender Geschwindigkeit zur „Stadt der Millionäre". Zehntausende Glücksritter kamen aus dem fernen China ins Flusstal. Die meisten scheiterten, aber nicht wenige erlangten großen Reichtum. Auch die Kolonialbeamten verdienten prächtig am Geschäft mit dem begehrten Erz, sodass im Stadtzentrum glanzvolle Verwaltungsgebäude, Banken und Geschäftshäuser entstanden.

SEHENSWERTES

BAHNHOF
Das riesige, prachtvolle Bahnhofsgebäude wurde ab 1917 nach den Plänen des bekannten britischen Architekten A. B. Hubback im kolonialen Moghul-Stil erbaut. Er hatte bereits den alten Hauptbahnhof und die Masjid Jamek (Jamek-Moschee) in Kuala Lumpur entworfen. Das dreistöckige Gebäude lässt erahnen, wie wohlhabend Ipoh zur damaligen Zeit gewesen sein muss. Das integrierte ehrwürdige *Majestic Hotel* war in den 1920er-Jahren der Treffpunkt der Zinnbarone, die auf der 180 m langen Veranda ihre Drinks einnahmen. Leider ist das Hotel derzeit geschlossen.

HISTORISCHES ZENTRUM
Die meisten Prachtbauten stehen im alten Zentrum zwischen der Bahnlinie und dem Kinta-Fluss. Dazu gehören das gegenüber dem Bahnhof gelegene, ganz in Weiß gehaltene ehemalige Rathaus *Dewan Bandaraya*, das heute ein Auditorium beherbergt, das angrenzende *Gerichtsgebäude* des High Court und der traditionsreiche *Royal Ipoh Club (www. royalipohclub.org.my)* am Padang. Hinter dem alten Rathaus erinnert der im Jahr 1909 errichtete Uhrturm an die Ermor-

dung des ersten britischen Residenten J. W. W. Birch.

PERAK DARUL RIDZUAN MUSEUM
In einer pompösen, während des Booms Anfang des 20. Jhs. von einem Zinnbaron nördlich der Stadt errichteten Villa ist das Darul Ridzuan Museum untergebracht. Während die Ausstellung im Erdgeschoss ausschließlich der Geschichte der Zinnindustrie und dem Alltag in den Minen gewidmet ist, können Sie sich im ersten Stock über den tropischen Regenwald, seine Flora und Fauna sowie seine kommerzielle Nutzung informieren. *Sa–Do 8–17, Fr 8–12.15 u. 14.45–17 Uhr | Eintritt frei | Jalan Panglima Bukit Gantang Wahab*

ESSEN & TRINKEN

OVERSEA RESTAURANT
Das große kantonesische Restaurant zählt zu den beliebtesten und besten der Stadt. Sie suchen sich Fische, Krebse, Garnelen und andere Meeresfrüchte aus den Tanks aus und wählen eine Zubereitungsart. *Jalan Seenivasagam | Tel. 05 2 53 80 05 | www.oversea.com.my | €€–€€€*

PURPLE CANE TEA HOUSE ●
In dem interessant gestalteten Teehaus können Sie an einer traditionellen Zeremonie teilnehmen oder im angeschlossenen Restaurant die köstlichen, mit Tee zubereiteten Suppen und Currys genießen. *2, Jalan Dato Tahwil Azar | Tel. 05 2 53 30 90 | www.purplecane.my | €–€€*

RESTORAN FOH SAN
Das zweistöckige, chinesische Dim-Sum-Restaurant ist besonders zum Frühstück sehr beliebt. Sie können sich gedämpfte gefüllte Teigtaschen und andere Snacks

Ihrer Wahl von den Wagen aussuchen, die herumgefahren werden. *51, Jalan Leong Sin Nam | Tel. 05 2 54 03 08 | www. fohsan.com.my | €*

EINKAUFEN

Indische Stoffe, Kleider und Schmuck finden Sie in den Läden der *Jalan Sultan Yusuf*. Das moderne Einkaufszentrum *Ipoh Parade (105, Jalan Sultan Abdul Jalil)* beherbergt eine vielseitige Auswahl an Geschäften, dazu u. a. Kinos, Supermärkte und einen großen *food court* im dritten Stock.

FREIZEIT & SPORT

Der große Vergnügungspark *Lost World of Tambun (Mo, Mi–Fr 11–18, Sa/So 10–18 Uhr | Eintritt RM 45 | www.sunwaylost worldoftambun.com)* liegt 10 km östlich des Stadtkerns. Neben einem Wasserpark voller Rutschen und Schwimmbecken beherbergt er auch einen Streichelzoo und verschiedene Karussells. Zudem können Sie sich als Zinnschürfer betätigen.

AM ABEND

Die junge einheimische Oberschicht trifft sich im *Overtime (tgl. 12–2 Uhr | Jalan Sultan Idris Shah | Tel. 05 2 41 26 01 | www. overtime.asia)*, einer großen, rustikalen Bar, in der man an zu Tischen umfunktionierten Fässern sitzt. Livemusik gibt es mehrmals wöchentlich im *Bier Haus* und bei *HawRock (beide am Padang)*.

ÜBERNACHTEN

FRENCH HOTEL
Die komfortablen Zimmer in dem zentral gelegenen Neubau sind modern-minimalistisch gestaltet. *48 Zi. | 60–62,* *Jalan Dato Onn Jaafar | Tel. 05 24130 30 | www.frenchhotel.com.my | €€*

IMPIANA HOTEL IPOH
Das beste Hotel der Stadt ist zwar schon etwas älter, die Zimmer sind aber immer noch sehr komfortabel. Zudem verfügt es über einen großen Swimmingpool und ein Fitnesscenter. *200 Zi. | 18, Jalan Raja Dr. Nazrin Shah | Tel. 05 255 55 55 | www. impiana.com | €€€*

REGALODGE HOTEL
Der aufmerksame Service, die kostenlosen Snacks und Softdrinks in der Minibar und das hervorragende Restaurant entschädigen für die etwas kleinen, aber dennoch angenehmen Zimmer. *86 Zi. | 131, Jalan Raja Ekram | Tel. 05 242 55 55 | www.regalodge.com.my | €€–€€€*

AUSKUNFT

Jalan Tun Sambanthan | Tel. 05 2 08 31 55 | www.peraktourism.com

ZIELE IN DER UMGEBUNG

HÖHLENTEMPEL (126 B3) *(ℳ B4)*
Die fotogenen, steil emporragenden Karstfelsen am Fuß des Gunung Rapat 6 km südlich des Zentrums beherbergen zahllose natürliche Höhlen. Einige von ihnen wurden bereits früh von Immigranten zu taoistischen und buddhistischen *Tempeln (alle tgl. 8–16.30 Uhr)* ausgebaut. Hinter dem kitschig-bunten, erst 1990 eingerichteten *Ling-Sen-Tong-Tempel* mit einer großen Statue der Schutzgöttin Kuan Yin erreichen Sie den 1867 begründeten, mittlerweile modernisierten *Nam-Thean-Tong-Tempel.* Der bedeutendste und größte der Höhlentempel ist der von einem hübschen, gepflegten chinesischen Garten umgebene *Sam Po Tong.* In dem dahinter liegenden,

von Felsen eingerahmten Garten können Sie Schildkröten füttern, was Glück und ein langes Leben versprechen soll.

KELLIE'S CASTLE (126 B3) (⌀ B4)

Der schottische Pflanzer und Minenbesitzer William Kellie Smith wollte sich in den 1920er-Jahren ein opulentes Landhaus als Zeichen seines Erfolgs erbauen lassen. Das Projekt stand jedoch unter keinem guten Stern: Viele der extra aus Indien angeworbenen Arbeiter starben an einer mysteriösen Krankheit und Kellie verlor während der Bauphase sein gesamtes Vermögen aufgrund der Weltwirtschaftskrise. Die beeindruckenden Ruinen können Sie etwa 25 km südlich des Stadtzentrums nahe Batu Gajah besichtigen. Man munkelt, Kellies Geist spuke noch immer nachts durch den zweiten Stock. Mit den teils von Schlingpflanzen überwucherten Gewölben im maurischen Stil bot das Gebäude die romantische Kulisse für den Film „Anna und der König von Siam". *Tgl. 9–18 Uhr | Eintritt RM 5*

KUALA LUMPUR

⌗ KARTE IM HINTEREN UMSCHLAG

(126 B–C4) (⌀ B5) Die Metropole (1,6 Mio. Ew.) wurde 1957 zur Hauptstadt des unabhängigen Malaya.

In den vergangenen 50 Jahren haben sich mehrere Zentren herausgebildet: am kanalisierten Zusammenfluss von Gombak und Kelang, wo Zinnsucher 1857 die ersten Bretterbuden an der „schlammigen Flussmündung" *(Kuala Lumpur)* aufgestellt hatten. Oder auf der Geraden zwischen St. Mary's Church und dem ehemaligen Hauptbahnhof, an der um die Wende zum 20. Jh. Repräsentationsbauten der Briten entstanden. In Chinatown treffen sich die Leute in Kneipen und kleinen Geschäften, die von Singvögeln bis hin zu Stereoanlagen alles verkaufen. Auch Kuala Lumpur leidet unter zu vielen Autos und täglichen Staus, aber im Ver-

Ob großes Einkaufszentrum oder kleiner Laden, in Kuala Lumpurs Chinatown gibt es alles

CITY WOHIN ZUERST?

Kuala Lumpur Tower (U D2) *(🗺 d2):* Neuankömmlinge sind von den bunten Farben, fremden Gerüchen und lauten Geräuschen der Stadt oft überfordert. Einen sanften Einstieg bietet Ihnen da eine Fahrt auf den *KL Tower (Monorail-Station Bukit Nanas oder LRT-Station Dang Wangi)*. Aus luftiger Höhe können Sie sich erst einmal einen Überblick über die asiatische Metropole verschaffen.

gleich mit anderen Großstädten der Region ist das noch harmlos. Die Stadt verfügt über ein gutes öffentliches Nahverkehrssystem. Im letzten Jahrzehnt entstand ein integriertes Bus- und Bahnnetz *(www.myrapid.com.my)* für die Innenstadt und das gesamte Klang Valley bis Port Klang, dessen Zentrum der neue Hauptbahnhof *Stesen Sentral (www.stesensentral.com)* ist. In der Innenstadt verkehren eine Monorail, die Hochbahn *LRT (Light Rail Transit)* und Busse, bis zum Airport gelangen Sie mit dem KLIA Ekspres und KLIA Transit *(www.kliaekspres.com)*, bis in andere Zentren im Klang Valley mit den Zügen von KTM Komuter *(www.ktmkomuter.com.my)*. Darüber hinaus fahren Überlandbusse von Transnasional *(www.transnasional.com.my)* und anderen privaten Gesellschaften. Das Auto bleibt Transportmittel Nummer eins, Fußgänger werden als Verkehrsteilnehmer noch immer kaum wahrgenommen.

SEHENSWERTES

CENTRAL MARKET (PASAR SENI) ●
(U C4) *(🗺 c4)*

Der 1936 erbaute einstige *Wet Market* am Klang River wurde völlig umgestal-

tet. Er bietet neben Souvenirs Kunsthandwerk aus allen Landesteilen. Im benachbarten *The Annexe@Central Market* stellen Künstler sich in kleinen Galerien aus. Zur Stärkung empfehlen sich im Hauptgebäude der Essensmarkt sowie die Cafés *Old Town White Coffee* und *Secret Recipe* oder das mit Antiquitäten eingerichtete *Precious Old China Restaurant & Bar (Tel. 03 20 72 59 15 | €)*, das Nyona-Essen serviert. Auf einer Open-Air-Bühne vor der Halle finden täglich wechselnde Kulturveranstaltungen statt. *Jalan Hang Tuah Kasturi | LRT-Station Pasar Seni*

CHINATOWN (U C4) *(🗺 c4)*
Obgleich funktionale Gebäude viele der alten Häuser ersetzt haben, gibt es noch Kleinode zu entdecken. Etwas versteckt liegt der *Sin-Sze-Ya-Tempel (Lebuh Pudu)*, um 1864 dem Schutzpatron der Pioniere gestiftet. Beim *Sri-Mahamariamman-Tempel* (1873) beginnt am *Thaipusam*-Fest der farbenprächtige Pilgerzug zu den Batu Caves. In der *Jalan Petaling* setzt abends geschäftiges Treiben auf dem *Night Market* ein.

HISTORISCHES ZENTRUM
(U B2–5) *(🗺 b2–5)*

In der Nähe des 1911 im maurischen Stil gebauten ehemaligen Hauptbahnhofs an der Jalan Sultan Hishamuddin befindet sich die *Staatsmoschee (Masjid Negara)* mit ihrem 75 m hohen Minarett. An der Jalan Raja steht das im maurischen Stil erbaute *Sultan Abdul Samad Building*, der frühere Sitz der Kolonialregierung. Am Wochenende wird es von unzähligen Lichtern umrahmt – eine Atmosphäre wie aus Tausendundeiner Nacht.

Hinter dem Gebäude steht die älteste Moschee der Stadt, die *Masjid Jamek*. Nach wenigen Schritten erreichen Sie *Little India* entlang der Jalan Tunku Abdul Rahman mit vielen Stoff- und Schmucklä-

Beim Anblick des Sultan Abdul Samad Building wähnt man sich fast im Orient

den, Restaurants und Straßenverkäufern. Nah bei den Petronas Twin Towers liegt das *Kampung Baru (neues Dorf)*, in dem Malaien leben. Der dortige Wochenmarkt *(Pasar Minggu | Sa ab 18 Uhr bis spät)* ist eine Attraktion.

Gegenüber dem Sultan Abdul Samad Building weht auf dem *Merdeka Square* die malaysische Flagge am mit 100 m höchsten Flaggenmast der Welt. Der Nationalfeiertag am 30. August wird überall im Land mit Festen und Paraden begangen, am Vorabend gibt es Feuerwerke. Die zentrale Feier in Kuala Lumpur findet am Merdeka Square statt. In unmittelbarer Nachbarschaft des Platzes steht die 1894 geweihte *St. Mary's Church*.

ISLAMIC ARTS MUSEUM ⭐
(U B4) (*ɱ b4*)

Hinter der Nationalmoschee gelegen, bietet das schöne Museum imposante islamische Architektur, eine sehr interessante Dauerausstellung zur islamischen Kultur und im Erdgeschoss Sonderausstellungen. *Tgl. 10–18 Uhr | Eintritt RM 12 | Jalan Lembah Perdana | www. iamm.org.my*

INSIDER TIPP ▶ KUALA LUMPUR TOWER ✳ (U D2) (*ɱ d2*)

Der Fernsehturm, KL-Tower genannt, ist 421 m hoch. Der Blick von der Aussichtsterrasse *(276 m | Eintritt RM 45)* über die Stadt ist beeindruckend, eine noch schönere Aussicht bietet sich abends aus dem Drehrestaurant *Atmosphere 360 (Reservierung obligatorisch: Tel. 03 20 20 21 21 | €€€)*. Der Turm liegt im *Bukit Nanas Forest Reserve*, einem winzigen Waldreservat. *Tgl. 8–18 Uhr | www. menarakl.com.my*

LAKE GARDENS (TAMAN TASIK PERDANA) ● (U A3–5) (*ɱ a3–5*)

Im mit 92 ha größten und ältesten Stadtpark südlich der Jalan Palimen liegen der *Orchid Garden* mit mehr als 200

Zwillinge mit dem Drang nach ganz oben: die Petronas Twin Towers

Orchideenarten und der *Hibiscus Garden (beide: tgl. 9–18 Uhr | Eintritt werktags frei, sonst RM 1)*. Auch der *Butterfly Park (tgl. 9–18 Uhr | Eintritt RM 20)* mit seinen mehr als 6000 Schmetterlingen, der *Bird Park (tgl. 9–18 Uhr | Eintritt RM 48 | www.klbirdpark.com)* oder das *National Planetarium (Jalan Perdana | Tel. 03 22 73 54 84 | www.angkasa.gov.my/planetarium)* mit Kino und Aussichtsturm lohnen einen Besuch.

NATIONAL ART GALLERY (0) (ⅢⅢ 0)
In der Ausstellung sind über 2500 Kunstobjekte einheimischer und internationaler Künstler zu bewundern. *Tgl. 10–18 Uhr | Eintritt frei | Jalan Temerloh 2*

NATIONAL MUSEUM (MUZIUM NEGARA) (U A5) (ⅢⅢ a5)
Das Museum bietet eine schöne Sammlung zur malaysischen Geschichte und zur Kultur des Landes. *Tgl. 9–18 Uhr | Eintritt RM 5 | Jalan Damansara | www.muziumnegara.gov.my*

NATIONAL SCIENCE CENTRE (PUSAT SAINS NEGARA) (0) (ⅢⅢ 0)
Viele Lehr- und Lernangebote zum Verständnis moderner Wissenschaften und Technologie. Laufende Ausstellungen. *Sa–Do 9–17 Uhr | Eintritt RM 6 | Jalan Persiaran Bukit Kiara | www.psn.gov.my*

PETRONAS TWIN TOWERS ★ ● ⚼ (U F1) (ⅢⅢ f1)
Bis Oktober 2003 waren die Zwillingstürme die höchsten Gebäude der Welt. Eine gute Aussicht hat man von der *Skybridge* in der 41. und dem *Observation Deck* in der 86. Etage. Pro Tag werden 800 Tickets für RM 80 ausgegeben, für die Sie sich rechtzeitig anstellen müssen. *Di–So ab 8.30 Uhr | www.petronastwintowers.com.my*

ESSEN & TRINKEN

BAVARIAN BIERHAUS (U F2) (ⅢⅢ f2)
Im luftigen Restaurant und auf der schattigen Terrasse werden Schweins-

haxen ebenso aufgetischt wie Tapas. *Wisma UOA II. 21, Jalan Pinang | Tel. 03 2166 72 68* | €€–€€€

BOMBAY PALACE (0) (𝄞 0)

In dieser Kolonialvilla wird exzellente nordindische Küche serviert. *215, Jalan Tun Razak | Tel. 03 2145 72 20 | www. bombaypalacerestaurantkl.com* | €€– €€€

COLISEUM CAFE (U C2) (𝄞 c2)

Ein Restaurant aus der Kolonialzeit in der Nähe des Merdeka Square und der Masjid India, das auch heute noch für sein *sizzling steak* bekannt ist. *100, Jalan Tuanku Abdul Rahman | Tel. 03 26 92 62 70* | €–€€

INSIDER TIPP FOOD REPUBLIC (U F3) (𝄞 f3)

Gourmetparadies mit 23 Essensständen im Einkaufszentrum Pavilion Kuala Lumpur. *Jalan Raja Chulan/Jalan Bukit Bintang* | €

OLD CHINA CAFE (U C4) (𝄞 c4)

Kleines Chinatown-Restaurant im Stil der 1930er-Jahre. Nyonya- und koloniale Küche. *11, Jalan Balai Polis | Tel. 03 20 72 59 15 | www.oldchina.com.my* | €€

EINKAUFEN

Besonders viele Geschäfte und moderne Einkaufszentren liegen im Goldenen Dreieck an der *Jalan Bukit Bintang* (U F3–4) (𝄞 f3–4), *Jalan Sultan Ismail* (U F3–4) (𝄞 f3–4), *Jalan Imbi* (U F4) (𝄞 f4) und *Jalan Ampang* (U E–F1) (𝄞 e–f1). Ein Highlight ist das *KLCC in den Petronas Twin Towers* (U F1) (𝄞 f1). In Chinatown (U C3–4) (𝄞 c3–4), an den Geschäftsstraßen *Jalan Petaling* und *Jalan Hang Lekir*, findet jeden Abend ein großer touristischer *Nachtmarkt (17–22 Uhr)* statt. Im malaiischen Stadtteil *Kampung Bahru* (0) (𝄞 0) ist der *Pasar Minggu (Sa 18–23 Uhr | Jalan Raja Muda)* ein Erlebnis. Die *Jalan Kia Peng* (U F2) (𝄞 f2) ist eine trendig-noble Wohngegend mit Galerien, Boutiquen, Restaurants und Nachtclubs.

FREIZEIT & SPORT

Da alle Aktivitäten im tropisch-schwülen Klima schnell ermüden, ziehen sich Einheimische zum Sport zumeist in klimatisierte Räume zurück. Beliebt sind Badminton und ein Besuch in einem Fitnesscenter in den großen Hotels oder Einkaufszentren. Einige stehen gegen Gebühr auch Nicht-Mitgliedern und Gästen von außerhalb offen. Ebenfalls klimatisiert ist die Kletterhalle *Camp 5 Climbing Gym* (U 0) (𝄞 0) *(Klettern RM 28 | 1 Utama Shopping Centre | Bandar Utama | Tel. 03 77 26 04 20 | www.camp5.com)*. Wer in einem Hotel ohne Swimmingpool wohnt, hat im großen *Chin Woo Stadium* (U D4) (𝄞 d4) *(Eintritt RM 4 | Jalan Hang Jebat)* in Chinatown die Möglichkeit, baden zu gehen.

AM ABEND

Für Nachtschwärmer ist in der City die INSIDER TIPP *Changkat Bukit Bintang mit der angrenzenden Jalan Alor* (U E–F3) (𝄞 e–f3) wegen ihrer Dichte an Pubs, Restaurants und Essensständen interessant. Die *Asian Heritage Row* (U D1) (𝄞 d1) *(www. asianheritagerow.com)* ist ein weiterer Hotspot für Partygänger. Hier wurden alte chinesische *shop houses* einmal nicht abgerissen, sondern einer neuen Nutzung zugeführt: Jetzt gibt es hier eine Reihe hervorragender Restaurants, Bars und Clubs mit Liveacts. Einheimische und hier ansässige Ausländer sind vor allem in der Gegend um die *Jalan Telawi* (O) (*m̄ 0*) im Stadtteil Bangsar und im Zentrum von *Sri Hatamas* (O) (*m̄ 0*) unterwegs. Für Touristen ist der Besuch des *Nachtmarkts in Chinatown* (U C4) (*m̄ c4*) ein Muss.

ALEXIS BISTRO (O) (*m̄ 0*)

In diesem Jazzclub versammeln sich alle, die gute Liveacts lieben. *Lot 10 & 11 Great Eastern Mall | 303, Jalan Ampang | www.alexis.com.my*

BARS UND DISKOTHEKEN

Eine der größten und stets gut besuchten Diskos ist der *Zouk Club* (U E1) (*m̄ e1*) *(113, Jalan Ampang | www.zoukclub.com.my)*, beliebt ist auch das *Hard Rock Cafe* (U E1) (*m̄ e1*) *(Ground Floor, Concorde Hotel | 2, Jalan Sultan Ismail | www.hardrock.com)*. In der *Reggae Bar* (U C4) (*m̄ c4*) *(156 Jalan Tun HS Lee, neben der Petaling Street)* treffen sich die Backpacker bei Rock und Reggae, in der eleganteren zweiten Filiale (U E3) (*m̄ e3*) *(31, Changkat Bukit Bintang)* genießen Gäste in lauen Tropennächten auch im Freien die Musik. Im ✷ INSIDER TIPP *Luna Bar & Restaurant* (U E2) (*m̄ e2*) *(Menara PanGlobal | Jalan Punchak | Tel. 03 23 32 77 77 | www.luna.my)* in der 34. Etage der Pacific Regency Hotel Suites genießen Sie bei italienischer und internationaler Küche die fantastische Aussicht über Kuala Lumpur – Sie sollten aber auf jeden Fall vorab reservieren. Ebenfalls ein perfekter Hang-out mit tollem Blick über die Stadt ist die ✷ *Sky Bar* (U F2) (*m̄ f2*) *(Tel. 03 23 32 98 88 | www.scybar.com.my)* im 33. Stock des Traders Hotels.

KINO

Ein ganz besonderes Kinoerlebnis ermöglichen die *Gold Class Cinemas (z. B. im Pavilion Kuala Lumpur* (U F3) (*m̄ f3*) *|*

www.gsc.com.my). Ab einem Eintritt von RM 40 schauen Sie die neuesten Filme entspannt zurückgelehnt in ultrakomfortablen Luxussesseln, die nur mit den Sitzen der Ersten Klasse im Flugzeug vergleichbar sind. Eine flauschige Decke gibt es auch dazu.

INSIDER TIPP NO BLACK TIE JAZZ CLUB (U E3) (*m̄ e3*)

Treffpunkt der Jazzszene, mit Restaurant. *17, Jalan Mesui | Tel. 03 21 42 37 37 | www.noblacktie.com.my*

PETRONAS-KONZERTHALLE (DEWAN FILHARMONIK PETRONAS) (U F1) (*m̄ f1*)

Die Konzerthalle liegt direkt unterhalb der Twin Towers. Hier finden klassische und Jazzkonzerte mit internationaler Starbesetzung statt. *www.dfp.com.my*

INSIDER TIPP SUTRA DANCE THEATRE ● (O) (*m̄ 0*)

Erstklassigen modernen malaiisch-indischen Tanz erleben Sie hier in der traumhaften Atmosphäre eines Amphitheaters, dazu gibt es Ausstellungen. Veranstaltungskalender beachten. *12, Persiaran Titiwangsa 3 | Tel. 03 40 21 10 92 | www.sutrafoundation.org.my*

ÜBERNACHTEN

CHINATOWN BOUTIQUE HOTEL (U C4) (*m̄ c4*)

Neues, mitten in Chinatown gelegenes Hotel mit kleinen, modernen Zimmern. *47 Zi. | 34 & 36 Jl. Hang Lekir | Tel. 03 20 72 33 88 | www.chinatownboutique hotel.com | €–€€*

CITRUS HOTEL (O) (*m̄ 0*)

171 saubere, funktionale Zimmer in klaren Farben erwarten Sie in diesem Haus nördlich der Touristenzentren. *51, Jalan*

Tiong Nam | Tel. 03 9195 99 99 | www. citrushotelkl.com | €€

CLASSIC INN (U F4) *(ฌ f4)*
Ruhig gelegenes Hostel mit 36 kleinen, einfachen aber sauberen Zimmern und Schlafsaal. *52, Lorong 1/77a, Changkat Thambi Dollah | Tel. 03 2148 86 48 | www.classicinn.com.my | €–€€*

AUSKUNFT

MATIC (MALAYSIAN TOURISM CENTRE)
109 Jalan Ampang | Tel. 03 92 35 48 00 | www.mtc.gov.my

TOURISM MALAYSIA
Im Stresen Sentral (Hauptbahnhof, Ankunftshalle) | Tel. 03 22 74 31 25

Farbenfrohes Spektakel: das hinduistische Thaipusam-Festival bei den Batu Caves

SWISS-GARDEN HOTEL (U E4) *(ฌ e4)*
Familienfreundliches Vier-Sterne-Haus in zentraler Lage mit kleinem Pool. Gutes Frühstücksbüffet. *310 Zi. | 117, Jalan Pudu | Tel. 03 2141 33 33 | www. swissgarden.com | €€€*

TRADERS HOTEL (U F2) *(ฌ f2)*
Stylisches Hotel mit modern gestalteten Zimmern und Suiten sowie einer fantastischen Skybar mit Swimmingpool direkt am KLCC. *571 Zi. | Tel. 03 23 32 98 88 | www.shangri-la.com/kualalumpur/traders | €€€*

ZIELE IN DER UMGEBUNG

BATU CAVES ● (126 C4) *(ฌ B4)*
Die mächtigen Kalksteinhöhlen befinden sich etwa 12 km nördlich von Kuala Lumpur. Dieser Höhlenkomplex ist einer der wichtigsten Wallfahrtsorte für malaysische Hindus. Alljährlich treffen sich über eine Million Gläubige vor und in den Höhlen zum *Thaipusam*-Fest *(Ende Jan./Anfang Feb.; s. S. 108)*. Vorbei an der 42 m hohen, goldglänzenden Statue von Lord Murugan führen 272 Stufen hinauf zum Eingang der Haupthöhle. Hier

wird verschiedenen Hindugöttern geopfert. Durch die recht naturbelassene, 68 Stufen tiefer gelegene *Dark Cave (www.darkcavemalaysia.com)* werden Führungen angeboten.

CAMERON HIGHLANDS ⭐
(126 B3) (ᗤ *B4*)

Wie grüne Teppiche überziehen Teeplantagen und Obst- und Gemüsefelder die Hügellandschaft knapp 200 km nördlich von Kuala Lumpur. Am frühen Morgen hängen Nebelschwaden in den Bergtälern und nachmittags entladen sich oft Regenwolken am *Gunung Brinchang* (2032 m). Das Thermometer steigt selten über 24 Grad. Touren zu den Teeplantagen sind jederzeit möglich, wobei das informative **INSIDERTIPP** *Sungai Palas BOH Tea Estate (Tel. 05 4 96 12 88 | www.boh.com.my)* allein schon wegen seiner modernen Architektur und Lage lohnt. Interessant sind die ● kostenlosen geführten Touren durch die angeschlossene Teefabrik. Es handelt sich hierbei um die letzte Manufaktur, die Teeblätter noch mit alten Maschinen verarbeitet. Im Anschluss können Sie sich beim tollen Ausblick auf die saftig-grünen Felder ein

frisch aufgebrühtes Heißgetränk genehmigen. Über 24 einfache Zimmer mit Balkon verfügt das *Hillview Inn (17, Jalan Mentigi | Tel. 05 4 91 29 15 | www.hillview-inn.com | €–€€)* am Ortsrand von Tanah Rata, das neben dem 3,5 km entfernten Brinchang einer der beiden Hauptorte ist. Komfortabel sind die Balkonzimmer im *Century Pines Resort (153 Zi. | 42, Jalan Masjid | Tanah Rata | Tel. 05 4 91 51 15 | www.centurypinesresort.com | €€€)*. Westlich dinieren Sie im populären *The Lord's Cafe (Jalan Besar 4 | Tanah Rata | Tel. 05 4 91 40 83 18 | €–€€)*. Direktbusse von der *Pudu Raya Station* in Kuala Lumpur brauchen fünf, von Penang aus dauert die Fahrt in die Cameron Highlands sechs Stunden.

FRASER'S HILL (BUKIT FRASER) ☼
(126 C4) (ᗤ *B5*)

Als der Schotte Louis James Fraser wegen Opiumhandels und des Betreibens einer Spielhölle 1916 von den Behörden gesucht wurde, verlor sich seine Spur 100 km nördlich von Kuala Lumpur. Die Berglandschaft erhielt daraufhin seinen Namen und wurde zu einer populären *Hillstation* auf 1524 m. Das frische Klima

HILLSTATIONS

Seit der britischen Kolonialzeit bieten die Bergregionen *Maxwell Hill* bei Taiping, *Fraser's Hill* und die *Cameron Highlands* ein Kontrastprogramm zur Hitze der Tiefebene. Vor allem in den weitläufigen Cameron Highlands rekelt man sich vor dem Kaminfeuer, nascht Scones oder frische Erdbeeren. An sonnigen Tagen lohnen Wanderungen durch die üppige Vegetation zu Wasserfällen und Aussichtspunkten. Man kann golfen, Blumen-, Gemüse-, Schmetterlingsgärten und Teeplantagen besuchen. Zwischen kolonialen Landsitzen werden emsig Apartmenthäuser und Hotels für die aufstrebende malaysische Mittelschicht gebaut. An Feiertagen sind die Hotels ausgebucht, obwohl die Übernachtungspreise dann doppelt so hoch sein können. Von Juli bis Dezember ist es in den *Hillstations* regnerisch, neblig und kühl.

Fluchtpunkt Kühle: Teefelder in den Cameron Highlands 200 km nördlich von Kuala Lumpur

verlockt zum Wandern – etwa zum 5 km von der Ortschaft entfernten *Jeriau-Wasserfall*. Man kann golfen, und es gibt ein Sportzentrum. Im *Ye Olde Smoke-house (14 Zi. | Tel. 09 3 62 22 26 | www.thesmokehouse.com.my | €€€)* wird koloniale Nostalgie zelebriert. Die stündlich verkehrenden Busse von Kuala Lumpur *(Tun Razak Bus Station)* nach Raub fahren zwar an der schmalen, 7,2 km langen Zufahrtstraße vorbei, aber nicht hinauf. Deshalb empfiehlt sich ein Sammeltaxi von *Pudu Raya* für RM 160–180.

GENTING HIGHLANDS (126 C4) (* C5*)
In den Wolkenkratzern des kuriosen Vergnügungszentrums, das 54 km nordöstlich von Kuala Lumpur auf knapp 1800 m Höhe liegt, sind Spielkasinos, Nachtclubs, Hotels und Restaurants untergebracht, dazu gibt es eine Fülle von Sportangeboten und Vergnügungsparks. Busse und Sammeltaxis fahren ständig ab Kuala Lumpur zu der Anlage. *Auskunft: Tel. 03 27 18 11 18 | www.rwgenting.com.my*

KEPONG FORESTRY PARK (FRIM) ◔
(126 B4) (* B5*)
In einem tropischen Regenwald 22 km nördlich der City locken markierte Wanderwege und Picknickplätze. In der Forschungsstation gibt es einen Ethno-Botanischen Garten, mehrere Pflanzensammlungen und eine informative Ausstellung in der forstwirtschaftlichen Research Gallery. Das Highlight ist der **INSIDER TIPP** Canopy Walkway *(Di–Do, Sa/So 9.30–14.30 Uhr | Anmeldung im One Stop Centre | Eintritt RM 10)*, schwingende Hängebrücken, die in bis zu 30 m Höhe durch die Wipfel der Baumriesen führen. *Tgl. 7–19 Uhr | Eintritt RM 5 | Tel. 03 62 79 75 75 | www.frim.gov.my | Zug bis Kepong Sentral, weiter mit dem Taxi*

NATIONAL ELEPHANT CONSERVATION CENTRE ★ ◔ (126 C4) (* C4–5*)
Nach etwa einer Stunde Fahrt auf dem Highway nach Kuantan erreichen Sie die Abzweigung zum Zentrum in Kuala Gandah, das sich dem Schutz und Erhalt der

malaysischen Elefanten verschrieben hat. Besucher können hier beim Füttern und Baden der Dickhäuter helfen. In Kuala Lumpur werden Touren zum Zentrum angeboten. *Tgl. 12.30–17 Uhr, Einführungsvideo 13, 13.30 u. 15.45 Uhr | Spende erwünscht | Tel. 09 2 79 03 91 | www.myelephants.org*

MELAKA

(126 C5) (*Ø C5*) **In der Altstadt zeigt sich die glorreiche Vergangenheit der ältesten Stadt Malaysias.**

Um 1400 gegründet und nacheinander von Portugiesen, Holländern und Briten beherrscht, erlebte die Hauptstadt (503 000 Ew.) des gleichnamigen Bundesstaats durch den Bau des internationalen Flughafens KLIA, der zwei Stunden nördlich liegt, einen immensen Aufschwung. Auch der Tourismus boomt, seit Melaka 2008 zum Weltkulturerbe erklärt wurde.

Die relativ kleine Altstadt nahe der Mündung des Sungai Sarawak lässt sich gut zu Fuß erkunden. Am östlichen Flussufer erstreckt sich unterhalb des *St. Paul's Hill* das koloniale Verwaltungszentrum, westlich des Flusses liegen die traditionellen Wohn- und Geschäftshäuser der multikulturellen asiatischen Bewohner. Die Nachkommen aus Verbindungen zwischen Portugiesen und Einheimischen siedeln rings um den *Medan Portugis*, 3 km östlich. Sie sind um den Erhalt ihrer Traditionen bemüht, vor allem ihrer Sprache *kristão*, eines archaischen Kreol-Portugiesisch. Von der frühen Anwesenheit der Chinesen zeugt *Bukit China*, ein Hügel am Stadtrand, der mit verwitterten chinesischen Gräbern aus der Zeit von 1360 bis 1644 übersät ist. Vor den Kolonialbauten entstand auf neu gewonnenem Land der *Taman Melaka Raya* mit großen

Einkaufszentren, Hotels und Restaurants. Kuala Lumpur (144 km) ist in zwei bis drei Stunden erreichbar.

SEHENSWERTES

Englisch sprechende *trishaw*-Fahrer bieten Stadtbesichtigungen mit ihren Fahrradrikschas an *(RM 40–50/Std.).* An verschiedenen Anlegestellen am Melaka-Fluss können Sie eine 45-minütige, 9 km lange Bootsrundfahrt buchen, die an ehemaligen Lager- und chinesischen Wohnhäusern vorbei zur malaiischen Siedlung *Kampung Morton* führt. Einige der zahlreichen Museen der Stadt lohnen einen Besuch. *www.virtualmuseummelaka.com*

ALTSTADT

Vom Roten Platz aus führt eine Brücke in die Altstadt mit den typischen *shop houses*. An der *Jalan Tokong* liegen der älteste hinduistische Tempel Malaysias, *Sri Poyyatha Vinayagar Moorthi* von 1781, und die *Kampung-Keling-Moschee* mit einem ungewöhnlichen, pagodenartigen Minarett, das islamische Stilelemente mit chinesischen und hinduistischen verbindet. Sie stammt ebenfalls aus dem 18. Jh. *(Ecke Jalan Lekiu).*

Am Ende der *Jalan Tokong* entzünden Taoisten und Konfuzianer Räucherstäbchen im reich verzierten und 1704 geweihten *Cheng-Hoon-Teng-Tempel.* Gegenüber steht der *Siang-Lin-Tempel.* Die Buddhastatue im zweiten Stock wurde aus weißem Carrara-Marmor gefertigt.

BABA NYONYA HERITAGE MUSEUM ★

Viele Familien chinesisch-malaiischer Herkunft brachten es in Melaka zu Reichtum. Das 1896 ausgebaute Elternhaus der Familie Chang Heng Siew ist in Chinatown öffentlich zugänglich und vermittelt einen guten Eindruck von den damaligen

Lebensbedingungen. *Tgl. 10–12.30 u. 14–16.30 Uhr | Eintritt RM 10 | 50, Jalan Tun Tan Cheng Lock*

CHENG HO CULTURAL MUSEUM

Die umfangreiche Ausstellung widmet sich dem Leben des berühmten chinesischen Seefahrers Admiral Cheng Ho, der von vielen seiner Landsleute verehrt wird. *Tgl. 9–18 Uhr | Eintritt RM 20 | 51, Lorong Hang Jebat | www.chengho.org/museum*

KOLONIALES VERWALTUNGSVIERTEL

Im früheren holländischen Verwaltungsviertel (1641–1795) leuchten die Gebäude rot. Am Rand des Platzes steht die 1753 gebaute *Christ Church*. Hinter dem Stadhuys erhebt sich der *St. Pauls-Hügel*. Pfade mit Aussicht aufs Meer führen zur Statue des hl. Franz Xavier und den Ruinen der 1521 von den Portugiesen erbauten *St.-Pauls-Church*. Auf der Rückseite geht es zur *Porta de Santiago* – Überbleibseln des portugiesischen Forts *A'Famosa* von 1511.

INSIDER TIPP ▶ MENARA TAMING SARI

Von der sich drehenden Kabine des 110 m hohen Panoramaturms nahe der Flussmündung bietet sich bei klarem Wetter ein hervorragender Ausblick über die Stadt und das Meer. *Tgl. 10–23 Uhr | Eintritt RM 20 | www.menaratamingsari.com*

SAMUDERA MARITIME MUSEUM

Am Melaka-Fluss, südlich des *Dutch Square*, kann man an Bord eines nachgebauten portugiesischen Segelschiffs in die Geschichte des Überseehandels abtauchen. Die Eintrittskarte ist auch für das Marinemuseum auf der gegenüberliegenden Straßenseite gültig. *Mo–Fr 9–17.30, Sa/So 9–21 Uhr | Eintritt RM 3 | Jalan Laksamana*

STADTHUYS

Das Historische und Ethnologische Museum im Stadhuys zeigt Gegenstände der Stadtgeschichte Melakas. Das markante Gebäude (1641–56) gilt als das älteste er-

Auch sie präsentiert sich in leuchtendem Rot: die Christ Church in Melaka

Abgebrannt und wiederaufgebaut: der Sultanspalast von Melaka

u. 14– 17.30, Fr 14.45–17.30 Uhr | Spende RM 20 | Kampung Morten | Tel. 06 2 82 39 88

Einige Spezialitäten sollten Sie auf jeden Fall probieren, wenn Sie in einem der vielen Restaurants essen: die ● Nyonya-Küche, insbesondere den würzig-cremigen Nudeleintopf *laksa* sowie *cendol*, ein Dessert aus Kokosmilch und grünen Nudeln, und natürlich *gula malacca*, Sagopudding mit Palmzucker.

INSIDER TIPP HOE KEE CHICKEN RICE

Hier soll die beliebte Spezialität *chicken rice balls* erfunden worden sein. *4, Jalan Hang Jebat* | €

NEWTON FOOD CENTRE

An den Essenständen nahe der Mahkota Parade wird chinesisch und – im hinteren Bereich – malaiisch-halal (muslimisch) gekocht. *Jalan Merdeka* | €

OLE SAYANG

In dem beliebten alten, klimatisierten Restaurant im traditionellen Stil stehen typische Nyonya-Gerichte auf der Karte. *Mi geschl.* | *198/199, Jalan Taman Melaka Raya* | *Tel. 06 2 83 19 66* | €€

VEGGIE PLANET 🌱

In diesem großen, klimatisierten Restaurant verzichten die Köche bei ihrer Arbeit auf Geschmacksverstärker und Farbstoffe. Die vegetarischen Gerichte sind lecker und erschwinglich. *41, Jalan Taman Melaka Raya 8* | *Tel. 06 2 92 28 19* | *www.veggie planet.com.my* | €€

halten gebliebene holländische Bauwerk im Fernen Osten. *Mo–Fr 9–17.30, Sa/So 9–21 Uhr | Eintritt RM 5 | Roter Platz | www.virtualmuseummelaka.com*

SULTANSPALAST MIT MUZIUM BUDAYA

Nur ein paar Schritte von der Porta de Santiago entfernt wurde der 1460 abgebrannte Sultanspalast rekonstruiert. Gegenstände und Dioramen zu Kultur und Geschichte sind zu sehen. *Di–So 9–17.30 Uhr | Eintritt RM 2 | Jalan Kota*

VILLA SENTOSA

Die Besitzer des wegen seiner Architektur und der antiken Einrichtung interessanten Hauses zeigen Besuchern ihr seit Generationen in Familienbesitz befindliches Heim, das einen realistischen Eindruck vom Leben während der britischen Kolonialzeit und in den frühen Jahren der Unabhängigkeit vermittelt. *Sa–Do 9–13*

The Malaqa House (70, Jalan Tun Tan Cheng Lock | Tel. 06 2 81 47 70) verkauft etwas teure Antiquitäten und Replikate, bietet aber auch viel Atmosphäre. In einem der zahlreichen Antiquitäten- und Trödelläden der *Jalan Hang Jebat* entdecken Sie sicher etwas Interessantes. Im *Orang Utan House (Filialen in der 59, Lorong Hang Jebat; 12, Jalan Hang Jebat; 96, Jalan Tun Tan Cheng Lock)* offeriert der Künstler Charles Cham seine Bilder und T-Shirts mit ungewöhnlichen Motiven.

Das größte innerstädtische, überwiegend unterirdisch angelegte Einkaufszentrum *Dataran Pahlawan (F3-96 | Hatten Square | Jalan Merdeka)* beheimatet u. a. einen Carrefour-Hypermarkt, ein Cineplex und eine Bühne. Am Wochenende lassen sich abends auf dem *Nachtmarkt in der Jalan Hang Jebat (Fr–So 18–24 Uhr)* und den Seitenstraßen Souvenirs entdecken.

FREIZEIT & SPORT

Der ausgedehnte Freizeitpark *A'Famosa (Mo–Fr 11–19, Sa/So 9–20 Uhr | Eintritt RM 40 | www.afamosa.com)* nördlich der Autobahn umfasst einen 36-Loch-Golfplatz und das riesige Schwimmbad Waterworld.

AM ABEND

Die abendliche *Sound & Light Show* im Heritage Park über dem Einkaufszentrum Dataran Pahlawan wird neu gestaltet und soll danach über Kopfhörer in verschiedenen Sprachen zu verfolgen sein. Bars konzentrieren sich im *Taman Melaka Raya*. Im *My Rock & Roll (34, Jalan Melaka Raya 23 | Tel. 06 2 84 96 52 | www.rocknroll melaka.site11.com)* wird vor allem am Wochenende abends Blues gespielt. Diskos gibt es in den Hotels *Renaissance (Jalan Bendahrara)* und *Equatorial (Jalan Bandar Hilir)*.

ÜBERNACHTEN

COURTYARD @ HEEREN

Das Boutiquehotel ist in einem alten, geschmackvoll restaurierten chinesischen Haus untergebracht und bietet 14 individuell mit historischem Touch gestaltete Zimmer. *91, Jalan Tun Tan Cheng Lock | Tel. 06 2 81 00 88 | www. courtyardatheeren.com | €€€*

HOTEL EQUATORIAL MELAKA

Von diesem Fünf-Sterne-Hotel aus haben Sie kurze Wege zu den Sehenswürdigkeiten Melakas. *496 Zi. | Jalan Bandar Hilir | Tel. 06 2 82 83 33 | www.equatorial.com/ mel | €€€*

MALACCA STRAITS HOTEL

45 renovierte Zimmer im historischen Stil, kleiner Pool und ein Restaurant. *37A, Jalan Chan Koon Cheng | Tel. 06 2 86 18 88 | www.malaccastraitshotel.com | €€*

INSIDER TIPP ▶ HOTEL PURI

Die wundervoll restaurierte, ehemalige Familienresidenz bietet eine große Auswahl, von winzigen Zimmern bis zu hübschen Suiten, Restaurant und Café. *80 Zi., 2 Suiten | 118, Jalan Tun Tan Cheng Lock | Tel. 06 2 82 55 88 | www.hotelpuri.com | €€–€€€*

AUSKUNFT

TOURIST OFFICE

Jalan Kota | gegenüber der Christ Church | Tel. 06 2 81 48 03 | www.melaka.org.my

ZIELE IN DER UMGEBUNG

AYER KEROH RECREATIONAL ZONE

(126 C5) (*∅ C5*)

Der *Taman Mini-Malaysia (tgl. 9–17 Uhr | Eintritt Fr–So RM 12, Mo–Do RM 6)* zeigt in Originalgröße je ein traditionelles

Haus aus den 13 Bundesstaaten, während der angeschlossene *Taman Mini Asean* zwölf landestypische Häuser der südostasiatischen Staaten präsentiert. Zudem sind altes Kunsthandwerk und Folklore zu sehen.

In dem Naherholungsgebiet 15 km nördlich der Stadt gibt es auch den lohnenden *Melaka Zoo (tgl. 9–18 Uhr | Eintritt RM 10 | www.zoomelaka.gov.my),* u. a. mit Affen, Tapiren, Nashornvögeln und Bären, außerdem eine *Schmetterlings- und Reptilienfarm (tgl. 8.30–17.30 Uhr | Eintritt RM 12 | www.butterflyreptile.com).* Auf dem *Ayer-Keroh-See* können Sie Boot fahren. Durch den *Recreational Forest* führen Lehrpfade, Spazier- und Radwege. Das Erholungsgebiet ist mit öffentlichen Bussen erreichbar.

TENGKERA-MOSCHEE (126 C5) (*M* C5)

Im Westen von Melaka, an der Straße nach Port Dickson, liegt das schöne, über 150 Jahre alte Gotteshaus, das architektonisch stark an Moscheen auf der indonesischen Nachbarinsel Sumatra erinnert. Auf dem Gelände befindet sich auch das Grab des Sultans Hussein Shah von Johor, der 1824 die Insel Singapur an Sir Stamford Raffles abtrat.

PULAU LANGKAWI

(126 A1) (*M* A3) Langkawi, die größte der 99 zum Bundesstaat Kedah gehörenden Inseln in der Straße von Malakka, liegt etwa 30 km westlich der malaysischen Küste und dicht vor der thailändischen Grenze.

Die 65 000 Einwohner der Insel leben überwiegend vom Tourismus, nur wenige sind Reisbauern oder Fischer. Zwischen Penang im Süden und der thailändischen Insel Phuket gelegen, war Langkawi über die Jahrhunderte verschiedenen kulturellen Einflüssen ausgesetzt. Teile der Hauptinsel sind noch von Regenwald bedeckt; an den Unterläufen der Flüsse und entlang der Küste erstrecken sich unberührte Mangrovenwälder. In Zusammenarbeit mit der Unesco wurden weite Teile der Insel als Geopark ausgewiesen *(www.langkawi-online.com/pages/geopark.php).* Damit soll die geologische Vielfalt der einmaligen Landschaft mit bis zu 550 Mio. Jahre alten Kalksteinformationen gewürdigt werden.

Entspanntes Strandleben am beliebten Cenang Beach auf Pulau Langkawi

Wenn Sie durch die Reisfelder fahren, sehen Sie die mächtigen, urtümlichen Wasserbüffel, in den Mangroven können Sie Seeadler beobachten und mit Glück auch einen der prächtigen Nashornvögel. Die kleine Insel, die in einem halben Tag umfahren ist, bietet eine ganze Reihe von spannenden Aktivitäten: Dschungel- und Höhlenerkundungen, Mangroventouren, Segeln, Batikmalerei, Golf, Reiten, Gokartfahren oder der Besuch eines Spa verbunden mit einer entspannenden Massage. *www.langkawi-info.com*
Hochsaison ist von Oktober bis April. Direkte Flugverbindungen gibt es ab Kuala Lumpur und Penang, tägliche Fährverbindungen bestehen zwischen Georgetown, Kuala Perlis/Kuala Kedah und dem Hauptort Kuah sowie nach Thailand (Satun, und in der Saison ab Telaga Harbour nach Ko Lipe).

SEHENSWERTES

GUNUNG RAYA ☼

Hinauf zum Gipfel des höchsten, dschungelbedeckten Bergs (890 m) der Insel führt eine schmale, steile Straße. *Taxi ab Pantai Tengah RM 60*

KUAH

Langkawis Hauptort hat nicht viel zu bieten: Geschäfte mit zollfreien Waren, das Seeadler-Denkmal nahe dem Anleger und der *Taman Lagenda Park* mit folkloristischen Skulpturen. Sehenswert ist unweit des Ortszentrums die *Al-Hana-Moschee*.

INSIDER TIPP ▶ LANGKAWI CABLE CAR ● ☼

Nördlich vom Pantai Kok wurde der Einkaufskomplex *Oriental Village* in einem Park rings um einen See angelegt. Inmitten der Geschäfte informiert das kleine *Geopark Info Centre* über die Geologie

des Archipels. Das Highlight ist die Fahrt mit der 2158 m langen Seilbahn über die dschungelbedeckten Berge mit einer Zwischenstation auf dem zweithöchsten Berg der Insel, dem *Mat Cincang* (709 m). *Fr–So 9.30–19, Mo, Di, Do 10–18, Mi 12–18 Uhr | RM 30 hin und zurück | www.panoramalangkawi.com*

PERDANA GALLERY

Die Galerie beherbergt mehr als 2500 Geschenke und Auszeichnungen, die der 2003 zurückgetretene Premierminister Mahathir Mohamed in seiner 22-jährigen Amtszeit erhalten hat. Besonders spektakulär sind die mit filigranen, bunten Schnitzereien verzierten Decken. *Di–Sa 10–17 Uhr | Eintritt RM 10 | Kilim*

INSIDER TIPP ▶ TELAGA TUJUH

Ein sehenswerter Wasserfall, der auch zum Baden einlädt. Das Wasser fließt über mehrere Stufen 91 m tief hinab. Es ist lebensgefährlich, auf den glatten Felsen nahe dem Abgrund herumzulaufen. Von einem Parkplatz am Ende der Straße führt ein kurzer Wanderweg steil hinauf.

UNDERWATER WORLD ●

Ein mit 550 000 l Meerwasser gefülltes Aquarium umschließt einen 15 m langen Tunnel, durch den die Besucher im Trockenen spazieren und die faszinierende Welt des Meers bestaunen. Dabei begegnen sie großen Meeresbewohnern wie Hai und Rochen. Außerdem gibt es ein Korallen- und ein Reptilienbecken sowie Abteilungen, die dem südafrikanischen Regenwald und der antarktischen Fauna gewidmet sind. *Mo–Fr 10–18, Sa/So 9.30–18.30 Uhr, Fütterungen der Fische im Tunnelbecken tgl. um 15.30 Uhr, der Pinguine um 11, 11.15, 14.45 sowie 15 Uhr und der Seelöwen um 14.30 Uhr | Eintritt RM 38 | www.underwaterworldlangkawi.com.my l*

ESSEN & TRINKEN

BEACH GARDEN RESORT

Das Resort-Restaurant verdankt seine Beliebtheit der Lage am Sandstrand und dem Schweizer Küchenchef, der die Gäste mit leckeren europäischen und einheimischen Gerichten verwöhnt. *Pantai Cenang | Tel. 04 9 55 13 63 | €€–€€€*

CASA DEL MAR

Edles Restaurant des gleichnamigen Resorts direkt am Strand, in dem internati-

Kunstvoll: die Batikstoffe von Langkawi

onale Küche serviert wird. *Mukim Kedawang Pantai Cenang | Tel. 04 9 55 23 88 | €€–€€€*

INSIDER TIPP ► NAM RESTAURANT IM BON TON

Das offene, geschmackvoll südostasiatisch gestaltete Restaurant des Resorts bietet beste Nyonya- und westliche Küche sowie eine gute Weinkarte und sehr zuvorkommenden Service. *Nördlich vom Pantai Cenang | Reservierungen und Transport Tel. 04 9 55 16 88 | €€€*

ORKID RIA SEAFOOD

Das beliebte Restaurant ist der beste Ort, um nach einheimischer Art zubereitete Meeresfrüchte zu probieren. Sie suchen sich lebendige Fische, Garnelen, Hummer oder Krebse aus den Auslagen am Eingang aus und wählen eine Zubereitungsmethode. *Lot 1225, Pantai Cenang | Tel. 04 9 55 41 28 | €€*

INSIDER TIPP ► RED TOMATO RESTAURANT & LOUNGE

Die deutsche Gastgeberin Tanja hat sich hier ein einladendes, mit viel Grünpflanzen eingerichtetes Lokal geschaffen. Zu jazzigen Klängen gibt es sehr leckeres Frühstück mit Müsli, selbst gebackenen Brötchen und einer großen Auswahl an westlichen Speisen, die eines gemein haben: Alle werden sie mit Tomaten zubereitet. Im ersten Stock ist eine Lounge eingerichtet. *Pantai Cenang | Tel. 04 9 55 40 55 | €€*

EINKAUFEN

ATMA ALAM ART VILLAGE

In dieser Galerie am Dorfrand können Sie bei der Herstellung von Batikstoffen zuschauen und eigene Entwürfe vorschlagen. Batikkurse nach telefonischer Anmeldung Sa–Do 14–17 Uhr. *Tgl. 9–18 Uhr | Padang Matsirat | Tel. 04 9 55 12 27 | www.atmaalam.com*

DUTY-FREE-LÄDEN

Auf Langkawi können Sie in diversen Duty-Free-Läden zollfrei einkaufen. Alkoholische Getränke, Zigaretten, aus Indonesien, importierte Textilien und Haushaltswaren sind relativ billig.

KOMPLEKS KRAF LANGKAWI ●

Im staatlichen Zentrum für Kunsthandwerk an der Nordküste können Batikmaler, Kristallbläser und andere traditionelle Handwerker bei der Arbeit beobachtet werden. In den großen Verkaufsräumen finden Sie die gesamte Bandbreite malaiischen Kunsthandwerks. Im hinteren Bereich informieren zwei kleine Museen über Hochzeitsbräuche und die traditionellen Alltagsgegenstände der einheimischen Bevölkerungsgruppen. *So–Do 10–18 Uhr | 2,5 km westlich von Padang Lalang | Tel. 04 9 59 19 13 | www.kraftangan.gov.my*

FREIZEIT & SPORT

Insel-, Dschungel-, Trekking- und Mangroventouren organisiert ⏱ INSIDER TIPP *Jungle Walla Tours (Tel. 019 2 25 23 00 | www.junglewalla.com)*. Empfehlenswert sind die deutschsprachigen Touren mit *Peter Höfinger (Tel. 012 4 56 47 50 | pemaria@tm.net.my)*, der seit über 20 Jahren auf der Insel lebt. Ornithologen sind bei *Dev's Adventure Tours* gut aufgehoben *(Tel. 04 9 55 48 92 | www.langkawi-nature.com)*. Während der Mangroventouren sollte man auf das nicht artgerechte Füttern von Seeadlern verzichten. ● Mit *Rampant Sailing (ab RM 299/Tag | Tel. 012 5 91 58 36 | www.rampantsailing.com)* oder *Tropical Charters (Cruises ab 210 RM/Person | Tel. 04 9 55 34 07, 012 5 88 32 74 | www.tropicalcharters.com.my)* kreuzen Sie mit einem Segelschiff durch die Inselwelt Langkawis.

AM ABEND

Außerhalb der großen Resorts spielt sich das Nachtleben in den Bars am *Pantai Cenang* oder *Tengah* ab. Die neben dem Melati Tanjung Motel direkt am Pantai Cenang gelegene *Babylon Mat Lounge (Babylon Garden | www.facebook.com/BabylonMatLounge)* ist der beliebteste Ort für einen Absacker nach Sonnenuntergang. Von einem kreativen Designer geschaffen, präsentiert sich das offene *Sunsutra Restaurant* in Silbergrau, die angrenzende klimatisierte *Lounge Sunkar-ma* in Rot und das gemütliche Pub *Sunba (alle: Pantai Tengah | Tel. 04 9 53 18 01 | www.sungroup-langkawi.com)* rustikal.

ÜBERNACHTEN

THE ANDAMAN ⏱

Umweltbewusst geführtes, mitten in der Natur gelegenes, familienfreundliches Fünf-Sterne-Resort mit großem Freizeitangebot. *187 Zi. | Datei Beach | Tel. 04 9 59 10 88 | www.theandaman.com | €€€*

MERITUS PELANGI BEACH RESORT

Luxusresort im malaiischen Baustil mit 350 rings um den Pool angeordneten, komfortablen Zimmern, Restaurant, Wassersportangeboten und Boutiquen. *Jalan Pantai Cenang | Tel. 04 9 52 88 88 | www.meritus-hotels.com | €€€*

SUNSET BEACH RESORT

Vier geschmackvoll mit balinesischem Touch eingerichtete Chalets inmitten eines liebevoll gestalteten tropischen Gartens. *Pantai Tengah | Tel. 04 9 55 17 51 | www.sungroup-langkawi.com | €€*

AUSKUNFT

TOURIST INFORMATION CENTER LANGKAWI

Jalan Persiaran Putra | Kuah | Tel. 04 9 66 04 94

ZIELE IN DER UMGEBUNG

Zu den benachbarten Inseln *(pulau)* werden an den Hotelstränden und in Reisebüros vierstündige Bootstouren *(ab RM 180)* angeboten. Die Schnellboote fahren zur *Pulau Singa Besar*, *Pulau Beras Basah* und *Pulau Dayang Bunting*, deren Attraktion ein Süßwassersee ist. Zum Tauchen und Schnorcheln gibt es Tagestouren zur weiter entfernten *Pulau Payar*.

OSTEN DER HALBINSEL

Obwohl der Islam die Staatsreligion Malaysias ist, dominiert er nur an der Ostküste mit ihrer hohen malaiischen Bevölkerungsdichte.

Die Menschen im Bundesstaat Kelantan im äußersten Nordosten der Halbinsel, jenseits der Titiwangsa Range, haben schon immer ein abgeschiedenes Leben geführt. Das ausgedehnte, kaum erschlossene Hinterland ist nur dünn besiedelt – ganz im Gegensatz zum knappen Küstenabschnitt um die Hauptstadt Kota Bharu. Touristen kommen vor allem hierher, um die malaiische Kultur zu erleben, bevor sie auf die Badeinseln in Terengganu weiterreisen.

Der Bundesstaat Terengganu liegt südlich von Kelantan und ist durch Erdöl reich geworden. Von Johor Bharu im Süden aus führt eine Brücke nach Singapur. Während der Regenzeit *(Nov.–Feb.)* sollte man die Ostküste meiden. Der Freitag ist der moslemische Sonntag, dann haben Ämter und viele Geschäfte sind geschlossen.

KOTA BHARU

(126 C1–2) (ⵑ C3) **Hinter den modernen Fassaden der Sultansstadt wird die malaiische Kultur gepflegt.**

Im Zentrum der Hauptstadt (rund 600 000 Ew.) am Unterlauf des Sungai Kelantan konzentrieren sich malaiische und chinesische Geschäfte, Restaurants und Hotels rings um die sehenswerte Markthalle *Pasar Besar.* Die repräsenta-

---

Bild: Salang Beach auf der Insel Tioman

Im Land der Malaien wird Gastfreundschaft großgeschrieben – und das Leben folgt einem gemächlicheren Rhythmus als anderswo

tiven alten Palastgebäude und die große Staatsmoschee erheben sich im Westen um den *Padang Merdeka (Unabhängigkeitsplatz)*. Dort mussten viele der alten chinesischen Geschäftshäuser neuen Hotels und einem Parkhaus weichen. Kota Bharu ist mit dem Flugzeug und der Bahn von Kuala Lumpur aus zu erreichen. Ein Nachtzug fährt zudem nach Singapur und in alle größeren Städte verkehren Busse. Der Grenzübergang nach Thailand in Rantau Panjang steht auch Ausländern offen.

SEHENSWERTES

GELANGGANG SENI ⭐ ●

In dem Open-Air-Kulturzentrum treten Gruppen aus den Dörfern auf und präsentieren die traditionelle malaiische Kultur. Das Programm umfasst Drachenherstellung, Selbstverteidigung, einen Wettbewerb mit Riesenkreiseln sowie andere traditionelle Spiele, Tänze und Musik. *Feb.–Dez. Sa–Mi 15.30–17.30, Sa und Mi auch 21–23 Uhr (außer im Ramadan) | Eintritt frei | Jalan Mahmood*

Am Padang Merdeka, dem Unabhängigkeitsplatz, stehen die wichtigsten Museen Kota Bharus

PALÄSTE UND MUSEEN

Der ehemalige Hauptpalast des Sultans, die *Istana Balai Besar*, wird heute nur noch selten genutzt. Die benachbarte *Istana Jahar* von 1887 ist schon wegen der Holzarbeiten eine Sehenswürdigkeit und wurde zum *Museum für Königliche Tradition und Kultur* umfunktioniert. In der dahinter gelegenen *Istana Batu* sind im *Muzium DiRaja Kelantan* Möbel, Kleidung und andere Dinge aus dem Besitz der Sultansfamilie ausgestellt, die das Palastgebäude bis 1961 bewohnte.

Mit prunkvollen Kuppeln aus Messing verziert, steht die große *Moschee* schon seit 1916 im Stadtzentrum. Die hier ansässige Koranschule hat bei der Islamisierung des Landes eine bedeutende Rolle gespielt. Leider können nur Moslems das Innere besichtigen.

Das *World War II Museum* im 1912 errichteten Gebäude der Hongkong & Shanghai Bank direkt nebenan informiert vor allem über die japanische Invasion von Malaya, die an diesem Küstenabschnitt begann. Im benachbarten *Islam Museum* wird der Geschichte des Islam in Malaysia nachgegangen. Exponate zu Kultur, Geschichte und Brauchtum der Region sowie zeitgenössische Ausstellungen wiederum zeigt das *Kelantan State Museum (Jalan Hospital)*.

Bis auf das Kelantan State Museum liegen alle Museen in der Umgebung des Padang Merdeka. *Öffnungszeiten jeweils: Sa–Do 8.30–16.45 Uhr | Eintritt RM 2*

ESSEN & TRINKEN

INSIDER TIPP **MEDAN SELERA KEBUN SULTAN FOOD COURT**

In einer hohen, offenen Halle wird an einfachen Essensständen meist chinesisch gekocht. Alles ist zwar nur auf Chinesisch angeschrieben, aber sehr lecker. Es gibt auch Bier. *Jalan Kebun Sultan | €*

MEENA CURRY HOUSE

Indische Küche, serviert auf Bananenblättern. *Jalan Gajah Mati | €*

SYAM

Das angenehm klimatisierte und saubere Restaurant liegt etwa 1 km außerhalb des Stadtkerns. Es serviert sehr gute thailändische und chinesische Gerichte. *Lot 594, Jalan Hospital* | €€

EINKAUFEN

Der wohl meistfotografierte Markt in Malaysia ist der *Pasar Besar Siti Khadijah (New Central Market | tgl. 8–18 Uhr | Jalan Parit Dalam)* – ein Rausch der Farben und ein absolutes Muss! Er erstreckt sich über vier Stockwerke und bietet sowohl Gemüse- und Obst-, als auch Imbissstände *(foodstalls)*. Das neueste Einkaufszentrum in der Innenstadt ist das *Kota Bharu Trade Centre* mit dem Kaufhaus Parkson Grand und dem Giant-Supermarkt. Besser ist jedoch die Auswahl an Lebensmitteln in dem außerhalb am neuen Busbahnhof gelegenen *Tesco Hypermarket*. Das riesige und beliebte Einkaufszentrum *K. B. Mall* im Süden der Stadt beherbergt verschiedene Restaurants, eine *foodmall* und eine Buchhandlung, in der Sie englische Bücher bekommen. Nördlich der Stadt, an der 12 km langen Straße zum wenig attraktiven Stadtstrand *Pantai Cahaya Bulan*, verkaufen einige Geschäfte traditionelle Drachen, Batiken und Songketstoffe, die teils noch in den angrenzenden Werkstätten hergestellt werden, z. B. bei *Wisma Songket & Batik* und *Cik Minah Songket.*

AM ABEND

In diesem konservativen Bundesstaat wird nur in wenigen chinesischen Restaurants Bier ausgeschenkt. Statt in Diskos und Pubs sitzen die jungen Leute abends bei Saft und Softdrinks am Flussufer westlich des Padang Merdeka und genießen die kühle Brise.

ÜBERNACHTEN

Ein besonderes Erlebnis ist die Übernachtung bei malaiischen Gastfamilien. *Infos bei der Tourist Information (s. S. 62)*

CERANA GUESTHOUSE

Kleines, geruhsames Gästehaus mit Aufenthaltsraum und Küche. Saubere Zimmer, die günstigen haben Gemeinschaftsbäder. *15 Zi. | Jalan Padang Garong 3 | Tel. 019 9 60 67 34 | www.ceranaguesthouse.com* | €

GRAND RIVERVIEW HOTEL

Vier-Sterne-Hotel am Fluss. Großzügige Zimmer, Sonnenterrasse, aber wenig attraktiver Pool. Gutes chinesisches Restaurant. *299 Zi. | Jalan Post Office Lama | Tel. 09 7 43 99 88 | www.grv.com.my* | €€€

⭐ **Gelanggang Seni**
Tauchen Sie in diesem Kulturzentrum in die traditionelle malaiische Kultur ein → S. 59

⭐ **Crystal Mosque**
Ein Gebetshaus aus Glas: die faszinierende Kristallmoschee bildet den Mittelpunkt des islamischen Themenparks in Terengganu → S. 63

⭐ **Pulau Tioman**
Inselidylle zum Baden und Tauchen – da, wo das Meer noch glasklar ist → S. 69

⭐ **Taman Negara National Park**
Regenwalderfahrung mit Komfort oder anspruchsvolle Trekkingtouren – Sie haben die Wahl → S. 70

MARCO POLO HIGHLIGHTS

KOTA BHARU

PASIR BELANDA RESORT ☺

Die holländische Familie ermöglicht es den Gästen ihrer kleinen, 7,5 km entfernt von Kota Bharu gelegenen Bungalowanlage, das Alltagsleben ihrer malaiischen Nachbarn im Dorf kennenzulernen. Umgeben von Kokospalmen und traditionellen malaiischen Pfahlbauten stehen in der weitläufigen Anlage sechs hübsch eingerichtete Häuser. Auf dem gepflegten Gelände befinden sich zudem ein Spielplatz und ein kleiner Pool. Mittag- und Abendessen gibt es bei der Nachbarin, einer exzellenten Köchin, die auch Kochkurse veranstaltet. Zudem werden Batikkurse und andere Aktivitäten angeboten. Mindestaufenthalt zwei Nächte. *Kampung Lipat Sanggul | Tel. 09 7 47 70 46 oder 017 9 34 08 17 | www.kampungstay.com | €€–€€€*

AUSKUNFT

TOURIST INFORMATION CENTRE
Jalan Sultan Ibrahim | Tel. 09 7 48 55 34 | www.tic.kentalan.gov.my

ZIELE IN DER UMGEBUNG

MASJID KAMPUNG LAUT
(126 C2) (𝖽 C3)

Eine der ältesten Moscheen im Land liegt in Nilam Puri (10 km südlich von Kota Bharu). Nicht-Muslime dürfen sie nicht betreten, ein Besuch lohnt sich aber dennoch: Die etwa 300 Jahre alte Moschee ist ganz aus Holz und ohne einen einzigen Nagel gebaut.

PULAU PERHENTIAN ●
(126 C2) (𝖽 C3)

Zwei Südsee-Trauminseln mit schönen Sandstränden und türkisblauem Wasser, ideal zum Schnorcheln und Tauchen, perfekt für Reisende mit Kindern. Auf der kleinen Insel *(Perhentian Kecil)* liegt ein Fischerdorf. Günstige Unterkünfte, in denen viele Backpacker übernachten, sind etwa das *Matahari Dive Resort (35 Zi. | Tel. 09 6 911 7 42 | www.mataharichalet.com | €–€€)* am Long Beach oder das *Mohsin Chalet (22 Zi., 1 Schlafsaal | Tel. 013 2 20 77 52 | www.facebook.com/mohsinchalet | €)* auf einem Hügel.

Auf der großen Insel *(Perhentian Besar)* gibt es Resorts sehr unterschiedlicher Kategorie, etwa das *Perhentian Island Resort (106 Chalets | Tel. 09 6 911 1 11 | www.perhentianislandresort.net | €€€)* mit voll klimatisierten, sehr komfortablen Chalets an einem schönen Strand. Das *Coral View Island Resort (91 Zi. | Tel. 09 6 97 49 43 | www.coralviewislandresort.com | €€–€€€)* mit ebenfalls klimatisierten Chalets liegt am *Telok Pauh*, einem kleinen, feinen Sandstrand. Auf der anderen Seite der Insel ist die *Bayu Dive Lodge (24 Zi. | Tel. 014 8 34 38 51 | www.alualudivers.com | €–€€)* eine günstige Alternative.

Von Kota Bharu aus bringt Sie ein Taxi *(ca. 1 Std. | RM 50)* zum Fähranleger in Kuala Besut. Dort legen Boote *(ca. 7–17 Uhr | 30–45 Min. | eine Fahrt RM 40)* zur Insel ab.

WATS (126 C1) (𝖽 C3)

In der Gegend um Tumpat, nah an der thailändischen Grenze, leben mitten im malaiischen Kernland seit Generationen Thais. Hier gibt es einige buddhistische Tempel. Den mit über 30 m größten stehenden Buddha Südostasiens im chinesischen Stil beherbergt das *Wat Phothikyan* in Kampung Balai. Im *Wat Phothivihan* in Kampung Berangan begegnen Sie einem 40 m langen liegenden Buddha. Die Anfahrt mit dem Bus ist sehr schwierig, daher empfiehlt es sich, ein Taxi *(RM 30–35/Std. bei mind. 3 Std. Mietdauer)* zu nehmen.

KUALA TERENGGANU

(127 D2) (🕮 C3) Die 400 000 Einwohner zählende Hauptstadt des Bundesstaats Terengganu ist durch Erdöl- und Ergasvorkommen im Südchinesischen Meer reich geworden.

Ein Spaziergang durch die alte, kleine Chinatown entlang der Jalan Kampung Cina versetzt den Besucher in eine frühere Zeit: Die oft liebevoll restaurierten chinesischen *shop houses* sind architektonische Zeugen aus dem 19. Jh. Die ehemals florierende Schiffsbauindustrie hat an Bedeutung verloren. Aber Sie können Handwerkern auf der Flussinsel Pulau Duyong noch immer beim Bau der kleineren, traditionellen Fischerboote zusehen. In der Nähe des Bootsanlegers steht die 1897 gebaute *Istana Maziah*, die zeremonielle Residenz des Sultans von Terengganu.

Die Buddhas im *Wat Phothivihan* sind von beeindruckender Größe

SEHENSWERTES

CRYSTAL MOSQUE ⭐

Im 33 ha großen *Islamic Civilisation Park* auf der Wan-Man-Insel im Fluss steht neben 22 Miniaturreplikas der berühmtesten islamischen Monumente der Welt die *Kristallmoschee*, deren Dach und Teile der Wände aus Glas bestehen. *Park: Mo–Do 10–19, Fr 9–12.45 und 14.30–17, Sa/So ab 9 Uhr | Eintritt RM 25 | www.tti.com.my*

TERENGGANU-NATIONALMUSEUM ●

Das Nationalmuseum ist einer der größten Komplexe in Südostasien und das größte Museum in Malaysia. Es beherbergt verschiedene Galerien, u.a. die islamische, die Textil-, die königliche Galerie, die Galerie des Kunsthandwerks und des Öls sowie die der Seefahrt. *Sa–Do 9–17, Fr 9–12 und 15–17 Uhr | Eintritt RM 15 | Jalan Losong Ferri | per Bus ab Taman Shanbandar (RM 1) oder per Taxi aus der Stadt (RM 20) erreichbar*

ESSEN & TRINKEN

INSIDER TIPP ▶ GOLDEN DRAGON

Etabliertes, familiäres Restaurant mit guter chinesischer Hainan-Küche, kühlem Bier und freundlichem Service. *198, Jalan Kampung Cina | €–€€*

RESTAURANT OCEAN

Einfaches, offenes chinesisches Lokal am Meer, das sich auf Meeresfrüchte spezialisiert hat. Man schenkt hier auch Bier aus. *Jalan Sultan Zainal Abidin 2097 | Tel. 09 6 31 51 54 | €€*

Sultan Sulaiman | Tel. 09 6 26 20 20 | www.pinganchorage.com.my) an.

EINKAUFEN

Am *Pasar Payang (Central Market)* können Sie alles erstehen, was die Ostküste zu bieten hat: Batik oder die berühmten Messingwaren (im ersten Stock). Im *Noor Arfa Craft Complex (tgl. 9–20 Uhr | Cendering | www.noor-arfa.com | Touristenbus ab Kuala Terengganu nahe Istana Maziah, RM 1)* werden bunte Batik- und Songketstoffe sowie Drucke angeboten und die Herstellung von Batiken und anderem Kunsthandwerk vorgeführt.

FREIZEIT & SPORT

Dschungeltrekking oder aber auch Tauchgänge vor den vorgelagerten Inseln bietet *Ping Anchorage (77A, Jalan*

AM ABEND

Außer Karaokelounges in einigen Hotels (z. B. im *Primula Beach Resort*) gibt es keine Abendaktivitäten.

ÜBERNACHTEN

PRIMULA BEACH HOTEL
Das größte Hotel der Stadt liegt außerhalb des Zentrums in einem Hochhaus direkt am Strand. Schöner Swimmingpool im tropischen Garten. *245 Zi. | Jalan Persinggahan | Tel. 09 6 22 21 00 | www.primulahotels.com | €€€*

SERI HOOVER HOTEL
Renoviertes Hotel aus den 1970er-Jahren mit großzügigen, sauberen Zimmern.

BÜCHER & FILME

▶ **Kampung Boy** – Comic, auch und vor allem für Erwachsene. Zeigt mit viel Witz typische Situationen und Menschen in Malaysia (1979)

▶ **Feuer über dem Fluss** – Abdul Samad Said schreibt über die Zeit der japanischen Besatzung Malaysias (1994)

▶ **Unter Perlenfischern und Piraten** – Ein Junge wird an der malaysischen Küste von Piraten gefangen. Abenteuergeschichte von Alfred Hageni (1962)

▶ **Dieser Hunger nach Leben** – Beatrice Saubin saß in Malaysia wegen Drogenbesitzes zehn Jahre lang im Gefängnis. Tatsachenbericht (1994)

▶ **Mukhsin** – (2006) Der Film der inzwischen verstorbenen Regisseurin Yasmin Ahmad erzählt in faszinierenden Bildern von der ersten Liebe und wurde bei der Berlinale 2007 gleich zweimal ausgezeichnet

▶ **The Big Durian** – (2003) Im Oktober 1987 lief ein malaysischer Soldat mit seinem Gewehr Amok in Kuala Lumpur. Dokumentarfilm und Gesellschaftsskizze mit vielen Facetten

▶ **The Last Communist** – Der Film von 2006 dokumentiert das Leben Chin Pengs, des Führers der Kommunistischen Partei Malaysias. In Malaysia auf dem Index

Im Fischerdorf Marang herrscht eine völlig entspannte Atmosphäre

70 Zi. | 49, Jalan Sultan Ismail | Tel. 09 6 23 38 33 | serihoover.blogspot.de | €–€€

AUSKUNFT

TOURIST INFORMATION CENTRE

Jalan Sultan Zainal Abidin | zwischen Markt und Palast | Tel. 09 6 22 15 53 | tourism.terengganu.gov.my

ZIELE IN DER UMGEBUNG

MARANG UND PULAU KAPAŞ
(127 D2) (*ⓜ C3*)

Das 15 km südlich gelegene, ehemalige Fischerdorf Marang ist Ausgangspunkt für Touren zur Insel Kapas. Vom Pier aus geht es mit dem Boot auf das 6 km entfernte Eiland, das zum Marine Park erklärt wurde, um die letzten Korallenbänke zu schützen. Kapas lädt zum Relaxen, die kleine Nachbarinsel Pulau Raja zum Schnorcheln ein. Übernachten können Sie in Bungalows wie im *Qimi*

Chalet (8 Chalets | Tel. 018 2 15 35 58 | www.qimichaletkapas.net | €–€€), im *Kapas Turtle Valley Beach Resort (8 Bungalows | Tel. 013 3 54 36 50 | www.kapasturtlevalley.com | €€–€€€)* oder im *Capt's Longhouse (24 Zi. | Tel. 017 9 88 90 46 | €)*. *Schnellboote fahren um 9.30, 11.30, 13.30 und 16.30 ab Marang, sowie um 10, 12, 14 und 17 Uhr ab Pulau Kapas in 20 Min. | RM 40 hin und zurück*

MASJID TENGKU TENGAH ZAHARAH
(FLOATING MOSQUE) (127 D2) (*ⓜ C3*)

Die strahlend weiße *floating mosque* in Kampung Ibai (7,5 km südlich des Zentrums von Kuala Terengganu) wirkt, als schwämme sie auf dem Wasser. *Jalan Sultan Mahmud | Touristenbus ab Kuala Terengganu nahe Istana Maziah, RM 1*

PULAU REDANG (127 D2) (*ⓜ C3*)

Ausgangspunkt für die Ferieninsel mit exzellenten Schnorchel- und Tauchmöglichkeiten ist Merang (38 km nördlich von Kuala Terengganu). Übernachtungen gibt es nur im Paket, Auskünfte beim *The Tapas Beach & Spa* (151 Zi. | Tel. 03 21410088 | www.thetaaras.com | €€€) und dem familienfreundlichen *Coral Redang Island Resort* (40 Zi. | Tel. 09 6227378 | www.coralredang.com.my | €€€). www.redang.org

RANTAU ABANG (127 D3) (*D4*)
Den Strand von Rantau Abang (58 km südlich von Kuala Terenggau) suchen Meeresschildkröten zum Ablegen ihrer

dem Gewässer, das je nach Quelle 210–380 000 ha groß sein soll. Von Kuala Terengganu und Marang aus fahren Busse die 55 km nach Westen bis Kuala Berang. Mit dem Taxi gelangen Sie von dort zum 13 km entfernten, von Dschungel umgebenen Erholungspark am *Sekayu-Wasserfall*, zur *Sungai Gawi Jetty* (Bootsanleger, 30 km) und zum Staudamm (15 km) am See. Dort kann man Ausflugsboote zu verschiedenen Inseln und Wasserfällen mieten. In der Nähe der Sungai Gawi Jet-

Urbane Lebensqualität, die sich sehen lassen kann: Kuantans Stadtstrand Telok Chempedak

Eier auf. Während früher noch riesige Lederschildkröten an Land kamen, sind es heute nur noch vereinzelt kleinere Suppenschildkröten. Empfehlenswert ist das *Tanjong Jara Resort* (109 Zi., 1 Suite | 9 km nördlich von Dungun | Tel. 09 8451100 | www.tanjongjararesort.com | €€€), eins der schönsten Strandresorts der Ostküste.

TASIK KENYIR
(126–127 C–D 2–3) (*C3–4*)
40 Flüsse speisen den Kenyir-Stausee, und annähernd 340 Inseln ragen aus

ty befinden sich das *Informationszentrum* (Tel. 09 6267788 | www.kenyirlake.com) und das malerisch am Ufer gelegene *Lake Kenyir Resort & Spa* (135 Zi. | Tel. 09 6668888 | www.lakekenyir.com | €€€). Touren zum Kenyir-See veranstaltet *Ping Anchorage* (77A, Jalan Sultan Sulaiman | Tel. 09 6262020). Ausflüge am See ab Sungai Gawi Jetty zum *Kenyir Sanctuary Resort* kosten RM 50, zum *Saok-Wasserfall* RM 120 (plus *Herb Park* RM 180) und zum *Lasir-Wasserfall* RM 280 (plus *Herb Park* RM 320). Tagestouren zu den beiden Höhlen *Gua Bewah* und *Gua Taat* im Süden des Sees werden für rund RM 700 angeboten.

KUANTAN

(127 D4) (*ω D4*) **Kuantan, auf halbem Weg zwischen Singapur und Thailand, ist mit fast 500 000 Einwohnern die größte Metropole und Hauptstadt des Bundesstaats Pahang.**

Die Moschee *Sultan Ahmad Shah* mit ihren eindrucksvollen Minaretten und Kuppeln in der *Jalan Mahkota* ist seit 1994 das Wahrzeichen der Stadt. Parallel zu Jalan Mahkota und Kuantan-Fluss verläuft die *Jalan Besar* mit ihren alten chinesischen *shop houses*. Während einer Tour auf dem *Kuantan-Fluss (ab Fähranleger Medan Feri | ab 8 Teilnehmern Mo, Di, Do um 14.30, 16, 18,30 und 20, Fr auch um 11, Sa/So auch um 11.30 und 21 Uhr | Kosten RM 18 | Tel. 09 5 48 80 00 | Dauer: 1 Std. 15 Min.)* bekommen Sie eine malerische Landschaft zu sehen, u. a. ein Mangrovenreservat. Spannend ist auch eine Nachtfahrt *(ab 10 Teilnehmern Fr, Sa und So 20.30 Uhr | Kosten RM 5 | Dauer: 20 Min.)*, sie führt in einen Nebenfluss zu den Glühwürmchen. Am Stadtstrand *Teluk Chempedak* gibt es einige Hotels und Restaurants. Gute Straßenverbindungen bestehen von Kuantan aus entlang der Ostküste und nach Kuala Lumpur (260 km); zudem gibt es Direktflüge nach Kuala Lumpur, Penang und Singapur.

ESSEN & TRINKEN

An der *Jalan Tanjung Lumpur*, der Ausfallstraße Richtung Süden, kommen jenseits der großen Brücke Seafood-Freunde voll auf ihre Kosten. Hier finden Sie zahlreiche preisgünstige Restaurants.

Genießen Sie *ikan bakar*, frisch gegrillten Fisch, oder die Thai-Suppe *tom yam* mit Meeresfrüchten (€–€€).

INSIDER TIPP ▶ **SHERWOOD'S**

Neben dem Delikatessenladen mit einer guten Auswahl an Wein, Käse und Brot wird im rustikalen Restaurant leckere asiatische „Swiss Cuisine" aufgetischt. *19,*

LOW BUDGET

▶ Im Fischerdorf Cherating **(127 D3)** (*ω D4*) können Sie bei *Ghazali Arts* an der Main Street batiken lernen und nach eigenen Motiven ein Tuch oder T-Shirt fertigen – das macht Spaß und ist preisgünstig.

▶ Sehr günstige und gute kleine Restaurants und *foodstalls* finden Sie in Kuala Terengganu **(127 D2)** (*ω C3*) im *Kampung Cina*, der atmosphärischen Chinatown mit ihren zahlreichen alten *shop houses*. *Etwa 10 RM pro Mahlzeit*

▶ Auf den Perhentian-Inseln **(126 C2)** (*ω C3*) kommen Sie mit kleinen Taxibooten, die RM 5–20 pro Person kosten, günstig von Strand zu Strand.

▶ Die Grotte *Gua Charas* **(127 D4)** (*ω C4*) (auch: *Gua Panching*) liegt inmitten von Palmölplantagen. In der Höhle wartet für RM 2 Eintritt ein 9 m langer, liegender Buddha auf Besucher. Unbedingt feste Schuhe anziehen! *Lokalbus Richtung Sungai Lembing, bei Panching aussteigen, 4 km lange Plantagenstraße zur Höhle*

Jalan Teluk Sisek | zwischen Zentrum und Teluk Chempedak | Tel. 09 5 66 39 68 | €€–€€€

TELUK CHEMPEDAK
In Strandnähe gibt es nur Fast-Food-Restaurants und einfache malaiisch-

Mit allen Sinnen Exotisches erleben: auf dem *Wet Market* in Kuantan

thailändische Lokale im *Selara Warisan*. Eine gute, aber etwas teure Alternative bietet die Küche im Hotel *Hyatt Regency* (s. Übernachten).

TJANTEK ART BISTRO
Abends sitzt man gemütlich in diesem kleinen Künstlercafé und lässt sich Kaffee und westliche Snacks schmecken. *46, Jalan Besar | Tel. 09 5 16 41 44 | www.dia.com.my | €€*

EINKAUFEN
Die *East Coast Mall Kuantan*, die größte, voll klimatisierte Mall an der Ostküste, erhebt sich unübersehbar nordwestlich des Zentrums. Im Osten der Innenstadt liegt die gut besuchte *Berjaya Megamall* mit einem Multiplexkino und einem Buchladen, der auch englische Titel im Sortiment hat. Auch die lokalen Märkte wie der zentrale *Wet Market (tgl.)* laden zum Bummeln und Staunen ein.

AM ABEND
VOODOO PUB & BISTRO CLUB
Hier wird abends gute Musik aufgelegt und kühles Bier serviert. Zudem Pool-Billard, Darts, Karaoke und Sportübertragungen. Am Wochenende finden manchmal Partys statt. *Lorong Tun Ismail 8, Jalan Beserah | €€*

ÜBERNACHTEN
HYATT REGENCY KUANTAN RESORT
Direkt am Strand gelegen, sehr komfortable, aber etwas hellhörige Zimmer, Bar mit Livemusik. *330 Zi. | Teluk Chempedak | Tel. 09 5 18 12 34 | www.kuantan.regency.hyatt.com | €€€*

MEGA VIEW ☙
Zehnstöckiger Block direkt am Flussufer. Die schönsten der gut ausgestatteten Zimmer mit Balkon und Flussblick liegen im achten und neunten Stock. *105 Zi. | 567, Jalan Besar | Tel. 09 5 17 18 88 | www.megaviewhotel.com | €€*

M.S. GARDEN HOTEL
Das beste Stadthotel mit komfortablen Zimmern, Swimmingpool und einer Sauna. *204 Zi. | Lot 5 & 10, Lorong Gambut | Tel. 09 5 17 78 99 | www.msgarden.com.my | €€€*

AUSKUNFT

TOURISM PAHANG

Gute Informationen im Bangunan Mahkota Square. *Jalan Mahkota | Tel. 09 5 16 10 07 | www.pahangtourism.org.my*

ZIELE IN DER UMGEBUNG

BESERAH (127 D4) (*M D4*)

Typisch malaiisches Dorf (8 km nördlich von Kuantan), in dem jeden Montag Nachtmarkt ist. Nördlich des Orts liegt am Strand das gepflegte *Swiss Garden Resort & Spa (304 Zi. | Tel. 09 5 44 73 33 | www.swissgarden.com | €€€).*

CHERATING (127 D3) (*M D4*)

Berühmt wurde der Strand 42 km nördlich von Kuantan als hier Anfang der 1980er-Jahre der erste *Club Med (316 Zi. | Tel. 09 5 81 91 33 | www.clubmed.com | €€€)* Asiens eröffnet wurde. Die Anlage liegt traumhaft an einer Privatbucht. Einheimische Urlauber bevölkern überwiegend am Wochenende und in den Ferien die etwa 20 Unterkünfte am weiten, von Kasuarinen bestandenen Sandstrand. Das *Tanjong Inn (Villa de Fedelia | 20 Zi. | Tel. 09 5 81 90 81 | €–€€)* hat einfache Holzhütten ebenso wie klimatisierte Zimmer mit Himmelbetten rings um einen großen Teich zu bieten. Es gibt Surfbrett- und Fahrradvermietungen, Batikwerkstätten und die Möglichkeit zu Bootsausflügen auf dem Cherating-Fluss oder zur Insel *Pulau Ular*. Lohnend ist ein Besuch der *Schildkrötenaufzuchtstation (Di–So 10–16 Uhr | Tel. 09 5 81 90 87)* an der Straße zum Club Med. Die Busse (auf der Strecke Kuantan–Kuala Terengganu) stoppen an der Hauptstraße.

CUKAI (127 D3) (*M D4*)

Im einstigen Hafen abseits der Nationalstraße 3 an der Mündung des Sungai Ke-

maman lohnt ein Besuch des Restaurants *Tong Juan (117, Jalan Sulaiman | Tel. 09 8 59 13 46 | €)*, in dem INSIDER TIPP hervorragende gefüllte Krebse *(stuffed crab)* zubereitet werden. Die Nachbarlokale kopieren das erfolgreiche Rezept, allerdings mit deutlich geringerem Erfolg.

PEKAN (127 D4) (*M D5*)

Das geruhsame Städtchen am Pahang-Fluss (44 km südlich von Kuantan) ist die Residenzstadt des Sultans von Pahang. An der Uferstraße liegen die ältere *Abdullah-Moschee* und die neuere *Sultan-Ahmad-Shah-Moschee*. Ein paar Schritte weiter zeigt das INSIDER TIPP *Museum Sultan Abu Bakar (Sa–Do 9–17 Uhr | Eintritt RM 22 | Jalan Sultan Ahmad)* die Schätze einer gesunkenen chinesischen Dschunke sowie Teile des Besitzes der Sultansfamilie. Lokalbusse oder Taxis fahren 4 km nach *Pulau Keladi* zur renommierten Seidenweberei *Tenunan Sutra Pahang (Di–So 9–17 Uhr, Fr 12.15–14.45 Uhr geschl.).*

PULAU TIOMAN ★ (127 E4–5) (*M D5*)

Die Insel Tioman *(www.tioman.com.my)* besitzt mächtige, von Regenwald bestandene Berge, Sandstrände und klares Wasser. Heute leben rund 3000 Insulaner dort. Ein Teil der Gewässer um die Insel ist als Marine Park ausgewiesen. In vielen Buchten locken Urlaubsquartiere von einfachen Holzbungalows bis hin zu exklusiven Luxusresorts. Die meisten befinden sich an den Hauptstränden *Salang* im Norden, *Air Batang* und *Tekek* im Zentrum sowie *Juara* an der Ostküste. Dorthin verläuft quer über die Insel ein anstrengender Dschungelpfad und eine sehr steile, schmale, aber asphaltierte Straße. Die andere verbindet den Flugplatz und die Marina in Tekek mit dem angenehmen Luxusresort *Berjaya Tioman Beach Resort (268 Zi. | Tel. 09 4 19 10 00 | www.*

berjayahotel.com | €€€). Noch exklusiver ist das in einer eigenen Bucht gelegene *Japamala Resort (13 Chalets | Tel. 09 4 19 77 77 | www.japamalaresorts.com | €€€).* Ebenfalls an einem schönen eigenen Sandstrand steht das familienfreundliche **INSIDERTIPP** *Melina Beach Resort (20 Zi. | Tel. 09 4 19 70 80 | www. tioman-melinabeach.com | €€–€€€).* Günstiger sind die Bungalows des *Salang Sayang Resort (200 Zi. | Tel. 09 4 19 50 20 | www.salangsayangresorts.webs.com | €–€€€)* oder die zwei alteingesessenen Anlagen *Nazri's Place I und II (31 Zi., 6 Bungalows | Tel. 09 4 19 13 29 und 9 14 13 75 | www.nazrisplace.com | €–€€€).* Am ruhigen Strand von Juara entspannt es sich gut im *Juara Mutiara Resort (40 Zi. | Tel. 09 4 19 31 61 | www. juaramutiararesort.com | €–€€)* oder in den Hütten des *Rainbow Chalet (7 Zi. | Tel. 09 4 19 31 40 | €).*

Tauchkurse mit PADI-Prüfung können Sie bei *Dive-Asia (Tel. 09 4 19 50 17 | www. diveasia.com.my)* in Salang oder beim gut ausgerüsteten, deutschsprachigen *B&J Diving Centre (Tel. 09 4 19 12 18 | www.divetioman.com)* in Tekek und Salang absolvieren.

Von Kuala Lumpur und Singapur aus gibt es Flüge nach Tekek. Sonst geht es vom mit Bussen *(Dauer 1,5–2 Std. | RM 35 einfache Strecke | Tel. 07 7 99 48 11)* erreichbaren Küstenstädtchen *Mersing,* 191 km südlich von Kuantan, per Schnellboot nach Tioman.

SUNGAI LEMBING (127 D4) *(Ø C4)*

In der verschlafenen Kleinstadt 40 km nordwestlich von Kuantan wurde bis 1986 in der größten unterirdischen Zinnmine der Welt das Erz geschürft. Über 100 Jahre war die bis in eine Tiefe von 690 m reichende Mine aktiv und ernährte die etwa 10 000 größtenteils chinesisch-stämmigen Bewohner. Heutzutage

lebt nur noch ein Bruchteil davon in der rustikal-romantischen, an eine verlassene Westernstadt erinnernden Ansiedlung, die zahlreiche schöne Fotomotive bereithält. Ein Besuch des lohnenswerten *Museums (Sa–Do 9–17, Fr 9–12.15 und 14.45–17 Uhr | Eintritt frei | www.jmm. gov.my/en/sungai-lembing-museum)* und ein Mittagessen im freundlichen Ambiente des *Lembing Tea House (Fr–So | Tel. 019 9 69 21 12 | €)* runden den Ausflug ab. Von Kuantan aus fährt Bus Nr. 48 um 7.30, 8.30, 14 und 15 Uhr für RM 5 nach Sungai Lembing, ein Taxi kostet RM 60.

TAMAN NEGARA NATIONAL PARK ⭐ ●
(126/127 C–D3) *(Ø C4)*

Die beste Zeit für einen mehrtägigen Ausflug in den ältesten Nationalpark Malaysias, gegründet 1939, ist die Trockenzeit, obwohl der Park das ganze Jahr über geöffnet hat. Komfortable Unterkunft bietet das 1 km vom Parkeingang entfernt gelegene *Rainforest Resort Taman Negara (100 Zi. | Tel. 09 2 66 78 88 | www. rainforest-tamannegara.com | €€–€€€).* Ein Gang durch die Wipfel der Urwaldriesen auf dem **INSIDERTIPP** *Canopy Walkway (Sa–Do 9.30–15.30, Fr 9–12 Uhr | Eintritt RM 5)* bietet atemberaubende Ausblicke, ebenso wie Bootsfahrten auf den Flüssen und über Stromschnellen in einem der ältesten Regenwälder der Erde (130 Mio. Jahre).

Von Kuala Tahan aus führen markierte Wanderwege zum 🌿 Aussichtspunkt auf dem 344 m hohen *Bukit Teresek,* zu mehreren Hochständen, auf denen man die Nacht verbringen kann, und auf den *Gunung Tahan,* der mit 2187 m der höchste Berg der Malaiischen Halbinsel ist. Von Kuala Lumpur aus fahren private Busse und Reiseveranstalter NKS zur Bootsanlegestelle in *Kuala Tembeling (ca. 8 Uhr | RM 40 | Han Travel: Tel. 03 20 31 08 99 | www.taman-negara.com;*

Schwankend in schwindelnder Höhe: Canopy Walk im Taman Negara National Park

NKS: Tel. 03 20 72 03 36 | www.taman-negara-nks.com). Von dort bringen Sie Boote in drei Stunden *(9 und 14, Fr um 14.30 Uhr | RM 35)* nach *Kuala Tahan*, dem Eingangstor zum Taman Negara. Dorthin gelangt man auch mit dem Bus ab *Jerantut (5.30, 8, 13 und 16.45 Uhr | RM 7).* Am Bootssteg in Kuala Tembeling und im Headquarter des Nationalparks erhalten Sie das erforderliche Permit. Hier können auch Übernachtungen in den einfachen Hochständen gebucht werden. Die Chancen, von dort aus Tiere zu beobachten, sind aber gering.

TASIK CHINI (127 D4) (*C5*)

Am Ufer des Sees leben Orang Asli vom Stamm der Jakun; sie sind die eigentlichen Ureinwohner Malaysias. Die Eingriffe des Menschen in das fragile Ökosystem des Sees haben den natürlichen Lebensraum der Lotosblüten, die einst große Teile des Sees bedeckten, zerstört. Auch der Dschungel ist bis auf die steilen Berghänge fast völlig von Ölpalmen verdrängt worden. Die Orang Asli fahren Besucher ab der Anlegstelle am Lake Chini Resort und dem Dorf Kampung Gumum mit Booten über den See. Von Gumum aus gibt es eine 30-minütige Neun-Seen-Tour *(RM 50 pro Boot)*, zwölf Seen können Sie in 45 Minuten für RM 60 sehen, eine Chini-River-Tour kostet RM 80 und neun Seen, der Fluss sowie ein Besuch in einem Orang-Asli-Dorf RM 120 *(Dauer 90 Min.).* Der See ist am besten per Taxi *(ca. RM 100)* von Kuantan aus zu erreichen.

SARAWAK

Sarawak ist mit rund 125 000 km² nur wenig kleiner als Westmalaysia. Auf der Halbinsel leben allerdings zehnmal mehr Menschen als in Sarawak, wo sich die 2,6 Mio. Einwohner auf die Städte der Küstenregion konzentrieren.

Die Menschen, ob Iban oder Dayak, Kayan oder Penan, Malaien oder Chinesen haben in den letzten Jahrzehnten einen außerordentlichen Wandel ihrer Heimat mitgemacht. Die Abholzung der Wälder und die Erschließung von Erdöl- und Erdgasvorkommen brachten viel Geld in den östlichen Bundesstaat. Die Städte erlebten daraufhin einen ungeheuren Bauboom. Das bislang nur über Flüsse zugängliche Hinterland wurde durch Allwetterstraßen erschlossen. Riesige Staudammprojekte sollen neue Indus-

triezentren mit Energie versorgen. Doch nicht alle haben von diesem Aufschwung profitiert. In kleinen Handelsposten und Dörfern an Dschungelflüssen geht das Leben noch seinen geruhsamen Gang. Es sind vor allem diese Menschen, die die Last der Entwicklung zu tragen haben: durch die Verschmutzung ihrer Flüsse und die Zerstörung ihres traditionellen Lebensraums. Nur mit Mühe können die letzten noch verbliebenen Naturlandschaften vor dieser Umgestaltung bewahrt werden.

Sarawak ist faszinierend: Die Hauptstadt Kuching stammt aus der Ära, als das Land von der britischen Familiendynastie Brooke, „weiße Rajas" genannt, regiert wurde (1841–1945). Von der Boomtown Miri gelangt man zu den imposanten

Bild: Langhaus der Bidayuh im Cultural Village bei Kuching

Höhlen im Gunung Mulu National Park. Natur pur bietet der Bako National Park.

KUCHING

(128 B4) *(🗺 H6)* **Kuching (617 000 Ew.), die Hauptstadt des Bundesstaats Sarawak, gilt als eine der attraktivsten Städte Südostasiens.**

In den kleinen Straßen entlang des Flusses stehen hübsche Tempel, historische Gebäude und die traditionellen chine-

Südasiatisches Multikulti: Einstige Bewohner des Dschungels und Nomaden leben auf Borneo Tür an Tür mit Chinesen und Malaien

🏙 **WOHIN ZUERST?**
Waterfront Promenade: Nicht nur abends zum Sonnenuntergang ist die Waterfront Promenade das perfekte Ziel. Auch tagsüber sollten Sie Ihren Stadtbummel hier beginnen. Am besten lassen Sie sich von einem Taxi ans östliche Ende bringen, hier, am Riverside Shopping Complex, legen auch die Boote vom und zum Nordufer an.

Bei Sonnenuntergang wird das schöne Kuching zum tropischen Traumgebilde

sischen *shop houses*. In den Geschäften und auf den Märkten finden Sie feines Kunsthandwerk aus der Region. Der Sarawak-Fluss teilt die Stadt: Den Süden prägt der chinesische Einfluss und die Geschäftswelt. Im Norden wohnen mehrheitlich Malaien. Hier stehen an den Ufern des Flusses noch die traditionellen *kampung*-Häuser auf Stelzen. Die beiden Teile sind so unterschiedlich, dass sie je einen eigenen Bürgermeister und ein eigenes Rathaus haben. Antworten auf die Frage, wie der Name der Stadt zustande gekommen ist, finden Sie im *Sarawak-Museum*. Dass Kuc(h)ing das malaiische Wort für „Katze" ist, dokumentieren die vielen Katzenmonumente (z. B. die Statue an der Kreuzung *Jalan Padungan/Jalan Central*) und das Katzenmuseum. Aber vermutlich leitet sich das Wort vom im indochinesischen Raum gebräuchlichen Wort „cochin" (Hafen) ab.

SEHENSWERTES

CAT MUSEUM ●
Das Katzenmuseum in der Kuching North City Hall ist vollgestopft mit lustigen Katzen-Memorabilien in allen erdenklichen Formen und Farben. Hier erfahren Sie nicht nur mehr über die bis in die altägyptische Epoche zurückreichende Geschichte der Hauskatze, sondern auch etwas darüber, wie die Stadt der Legende nach zu ihrem Namen gekommen ist. *Tgl. 9–17 Uhr | Eintritt frei | Jalan Semarang Petra Jaya*

CHINESE HISTORY MUSEUM
Das einstöckige, restaurierte Gebäude an der Waterfront war unter dem „weißen Raja" von Sarawak, James Brooke, einst Sitz des Gerichts und der chinesischen Handelskammer. Passend dazu befindet sich heute in den Räumlichkeiten das Chinese History Museum. Es beleuchtet die mehr als 1000 Jahre alten Handelsverbindungen mit dem Reich der Mitte sowie die Geschichte und Kultur der verschiedenen in Sarawak ansässigen chinesischen Volksgruppen. Dabei wird deutlich, wie stark sich die Teochew von den Kantonesen oder die Hakka von den Hainanesen unterscheiden. *Mo–Fr 9–16.30, Sa/So 10–16 Uhr | Eintritt frei | an der Waterfront*

FLUSSFAHRTEN

Eine Fahrt auf dem Sarawak-Fluss zeigt Ihnen die Stadt in ihrer Vielfalt und Schönheit. Sie passieren dabei nicht nur die kleinen Fährboote, die bunten *sampans* (kleine Boote) und Fischerboote, sondern auch *Fort Magherita*, das 1879 im Stil des englischen Renaissance zum Schutz vor Piraten gebaut wurde. Außerdem geht es vorbei an dem alles überragenden Rundbau des vor wenigen Jahren fertiggestellten Parlamentsgebäudes, an der *Istana*, der Residenz des Gouverneurs von Sarawak, der *Nationalmoschee* und an traditionellen malaiischen Holzhäusern. Eine einstündige Fahrt können Sie bei *Sarawak Traditional Boat Cruise (10–18.30 Uhr, ca. alle 60 Min. | RM 20–30 | Abfahrt ab Kuching Waterfront | Tel. 012 8 93 32 30 | www.ssoonz. com)* buchen. Interessante Bootstouren durch die Mangroven im Flussdelta, bei denen Sie die Möglichkeit haben, Krokodile, Delphine und Glühwürmchen zu sehen, veranstaltet *CPH Travel (Start je nach Gezeiten um 8.30 oder 16.30 Uhr | RM 140 | 70, Jalan Padungan | Tel. 082 24 37 08 | www.cphtravel.com.my).*

HISTORISCHES ZENTRUM

Jede Menge zu entdecken gibt es zwischen der 1968 erbauten *Kuching-Moschee*, dem *Padang Merdaka* (Unabhängigkeitsplatz) und den modernen Hotels am Flussufer: Koloniale *shop houses* schmucken die *Jalan Padungan*, den *Main Bazaar* sowie die parallel verlaufende *Jalan Carpenter*. Letztere mündet in die *Jalan Tun Haji Openg* mit dem neoklassizistischen Hauptpostamt und dem *Round Tower* (1886), einem befestigten Gebäude, das mit dem *Court House* (1874) und dem *Pavilion Building*, in dem das *Textilmuseum (tgl. 9–16.30 Uhr | Eintritt frei)* untergebracht ist, eine Einheit bildet.

PASAR MINGGU ●

Der *Sunday Market* beginnt bereits am Samstagnachmittag. Menschen aus der Umgebung bieten hier ihre Produkte an, besonders beliebt sind die Stände der Bidayuh-Frauen, die Früchte, Gemüse und wilden Honig verkaufen. Darüber hinaus gibt es Tiere, Orchideen, Kunsthandwerk, Produkte aus dem Regenwald und natürlich lokale Leckerbissen. Die **INSIDER TIPP** beste Besuchszeit ist Samstagabend oder Sonntagmorgen. *Sa 16–23 Uhr, So 5–12 Uhr | Jalan Satok*

SARAWAK MUSEUM

Bereits 1888 gegründet, diente dieses Museum britischen Forschern als wichtige Basis bei der Erkundung der Tropeninsel. Einige verstaubte Ausstellungsstücke im Altbau stammen noch aus jener

---

⭐ **Waterfront Promenade**
Besonders am Abend, wenn die Sonne untergeht, ist Kuchings schöne Flussseite ein romantisches Ziel → S. 76

⭐ **Sarawak Cultural Village**
Im lebhaften Museumsdorf bei Kuching vermitteln Ihnen Einheimische die traditionelle Kultur Sarawaks → S. 80

⭐ **Langhaus-Touren**
Unvergessliches Dschungelabenteuer: in einem Langhaus der Iban am Oberlauf der Flüsse übernachten → S. 80

⭐ **Gunung Mulu National Park**
Höhlen, Berge, Regenwald und Flüsse – Naturerlebnis auf einem einzigen Flecken Erde → S. 83

MARCO POLO HIGHLIGHTS

Zeit, vor allem in der naturkundlichen und der interessanten ethnologischen Sammlung. Einen Kontrast dazu bildet die von Shell finanzierte Ausstellung über die Geologie und Ölförderung in Sarawak. Das Obergeschoss ist der Ethnologie vorbehalten. Hier erfahren Sie mehr über das traditionelle Alltagsleben im Langhaus. Der neuere Anbau ist über eine Fußgängerbrücke mit dem Hauptgebäude verbunden und beherbergt neben einem netten Café und dem Museumsshop auch historische Fotos, Keramiken, Gebrauchsgegenstände

und eine interessante historische Dauerausstellung. Auf demselben Gelände zeigt das *Islamic Museum* eine internationale Sammlung islamischen Ursprungs. *Tgl. 9–16.30 Uhr | Eintritt frei | Jalan Tun Haji Openg | Tel. 082 24 42 32 | www.museum.sarawak.gov.my*

WATERFRONT PROMENADE ⭐ ●
Die über 1 km lange Promenade am Flussufer im Zentrum hat sich zu einer Flaniermeile gemausert. Spaziergänger genießen abends die kühle Brise und das Farbenspiel der untergehenden Sonne auf dem Wasser. Verkaufsstände und Läden in Ufernähe sowie im restaurierten Gebäude der *Sarawak Steamship Company* bieten Snacks und Kunsthandwerk an. Am Wochenende spielen auf der Freilichtbühne Musiker. Der verschlossene *Square Tower* steht an der Stelle des ersten Forts.

LOW BUDGET

▶ Der *Gunung Gading National Park* **(128 B4)** *(⪢ H6)* im Lundu Distrikt im Südwesten Sarawaks lockt mit Wasserfällen, Dschungeltrek auf den Gipfel des Gunung Gading, Rafflesias – und dem schönen, sehr günstigen *Forest Hostel (RM 15/Bett oder RM 40/Zimmer mit 4 Betten | Tel. 082 73 51 44 | ebooking.com.my). Etwa 2 Std. Fahrt von Kuching oder 5 Min. von Lundu | short.travel/mls4*

▶ Im nur 180 ha großen *Matang Wildlife Centre* im Kubah National Park **(128 B4)** *(⪢ H6)* haben Sie für wenig Geld gute Chancen, Orang-Utans in einem offenen Zoo zu beobachten. Im Rehabilitationszentrum leben auch andere Tiere, z. B. Gibbons, Malaienbären, Krokodile und Nashornvögel. Außerdem gibt es Picknick- und Campingplätze sowie Gelegenheiten zum Schwimmen. *Eintritt RM 10 | etwa 20 km (ca. RM 60 mit dem Taxi) nordwestlich von Kuching*

ESSEN & TRINKEN

PINOY
Die gute Sängerin und herzliche Gastgeberin Karen und ihre Familie servieren Ihnen in entspannter Atmosphäre leckere, deftige Gerichte von den Philippinen. Das *adobo pork* oder die knusprige Schweinehaxe munden noch besser in Kombination mit einem eisgekühlten Bier. *Tgl. | 143, Jalan Padungan | Tel. 082 23 86 39 | €–€€*

INSIDER TIPP ▶ THE.DYAK
Der Weg zum etwas außerhalb des Stadtkerns gelegenen, modern mit ethnischem Touch eingerichteten Restaurant lohnt allemal. Hier werden ausgefallene, höchst schmackhafte einheimische Spezialitäten nach überlieferten Rezepten der letzten Iban-Herrscherfamilie von Betong auf die Teller gezaubert. *Tgl. | Lot 29, Panvel Commercial Complex, Jalan Simpang*

Ein Fest für die Sinne: einer der vielen reich bestückten Märkte in Kuching

Tiga | Tel. 082 23 40 68 | www.facebook. com/the.Dyak | €€–€€€

INSIDER TIPP **TOP SPOT FOOD COURT**

Auf dem Dach eines Parkhauses werden Meeresfrüchte und lokale Spezialitäten frisch zubereitet. *Tgl. | Jalan Mata Bukit Kuching | €–€€*

EINKAUFEN

Die Auswahl von lokalem Kunsthandwerk ist einmalig auf Borneo. Preise zu vergleichen und zu handeln, lohnt sich in den kleinen chinesischen Läden am *Main Bazaar*. In der neuen *Hills Shopping Mall (Jalan Bukit Mata)* befinden sich nicht nur schicke Boutiquen, sondern auch ein *Apple Store* und ein *Times Bookshop*.

INSIDER TIPP **TÖPFEREIEN**

Die Kuching-Töpferwaren haben die typischen Muster der unterschiedlichen Volksgruppen, ob Dayaks, Iban, Murut oder Kelabit. Aber auch chinesisches und malaiisches Design ist vertreten. Besuchen Sie zum Stöbern z. B. *Yong Huat Heng (93, Jalan Penrissen, 5th Mile)*.

FREIZEIT & SPORT

Ein öffentliches Schwimmbad gibt es an der *Jalan Padungan;* ein Bowling Centre und ein Multiplexkino im *Riverside Complex (Jalan Tunku Abdul Rahman)*. Für Wassersport und zum Golfen fährt man zum *Damai Beach (s. S. 79)*.

AM ABEND

Das Nachtleben ist vielseitiger, als man vermuten könnte. Im etablierten *Soho Pub (64, Jalan Padungan)* läuft unter der Woche ruhiger Jazz, während am Wochenende zu Housemusik getanzt wird. Entspannen können Sie in der mit Ledersofas und Kamin eingerichteten Lounge im ersten Stock. In der direkten Nachbarschaft liegen weitere Bars und Lounges. Deutlich lauter und ausgelassener geht es in den Clubs und Bars der im Osten des Zentrums an der Jalan Petanak gelegenen *Travilion Mall* zu. In der *T1-Terminal One Lounge (t1lounge.com)* oder im *Mojo* wird feuchtfröhlich zu Hip-Hop und R&B gefeiert.

ÜBERNACHTEN

BATIK BOUTIQUE HOTEL
Die hellen Zimmer sind kreativ mit kleinen Fliesenmosaiken, ethnischen Textilien und Wandbemalungen gestaltet und modern eingerichtet. *15 Zi. | 38, Jalan Padungan | Tel. 082 42 28 45 | www.batikboutiquehotel.com | €€€*

LIME TREE HOTEL
Freundliches und modernes Nichtraucherhotel mit 50 kleinen Zimmern und der Limelight Rooftop Lounge im fünften Stock. *317, Jalan Abell | Tel. 082 41 46 00 | www.limetreehotel.com.my | €€*

PULLMAN KUCHING
Neues Fünf-Sterne-Hotel auf einem Hügel im Zentrum. Die großzügigen, mit moderner Technik und Einrichtung sowie komfortablen Bädern ausgestatteten Zimmer bieten ein erstklassiges Preis-Leistungs-Verhältnis. *389 Zi. | 1A, Jalan Matthies | Tel. 082 22 28 88 | www.pullmankuching.com | €€–€€€*

INSIDER TIPP ### SINGGAHSANA LODGE
Gemütliches, sauberes Hostel mit komfortablen Schlafsaalbetten und Zimmern sowie einem netten Pub auf dem Dachgarten nur für Gäste. Die besonders freundliche und kommunikative Atmosphäre ist auch der Verdienst der überaus hilfsbereiten Besitzer Donald und Marina, die selbst leidenschaftliche Traveller sind. Es werden Fahrräder und Motorräder vermietet und Touren angeboten. *23 Zi. | 1, Jalan Temple | Tel. 082 42 92 77 | www.singgahsana.com | €–€€*

AUSKUNFT

VISITORS INFORMATION CENTRE
Jalan Tun Haji Openg | im ehemaligen Gebäude des Obersten Gerichtshofs | Tel. 082 41 09 42 | www.sarawaktourism.com Im benachbarten Büro beim *Sarawak Forestry (Tel. 082 24 80 88 | www.sarawakforestry.com)* buchen Sie Unterkünfte in den Nationalparks Bako und Gunung Gading sowie im Matang Wildlife Centre und erhalten Permits.

WOHNGEMEINSCHAFTEN

Außerhalb der Städte leben noch einige der Einwohner Borneos – zusammen etwa 10 bis 50 Familien – in Langhäusern. Viele sind wegen der besseren Verkehrsanbindung oder großen Staudammprojekte von den Flussläufen an die Straßen umgesiedelt und haben dort steinerne Langhäuser erbaut. Unter den ursprünglich auf Pfählen errichteten Gebäuden, wo früher die Haustiere lebten, parken nun Autos. Eine innere durchgehende Veranda dient weiterhin als Gemeinschaftsraum und Werkstatt. Von dort gehen die Türen zu den Privatquartieren ab, die Küchen liegen im hinteren Bereich. Noch immer werden die hohen Tonkrüge geschätzt, in denen früher Lebensmittel aufbewahrt wurden, auch wenn Kühlschränke heute deren Funktion übernommen haben.

Klein, aber dennoch faszinierend: der zauberhafte Bako National Park

Touren bieten *Borneo Adventure (55, Main Bazaar | Tel. 082 24 51 75 | www.borneoadventure.com)* und *Diethelm Travel Service (Lot 257, Jalan Chan Chin Ann | Tel. 082 41 27 78 | www.diethelmtravel.com)* an.

ZIELE IN DER UMGEBUNG

INSIDER TIPP BAKO NATIONAL PARK
(128 B4) (ﾛ *H6*)

Obwohl nur 37 km von Kuching entfernt, ist die Nordspitze der *Muara-Tebas-Halbinsel* ein bezauberndes Naturschutzgebiet. Erodierte Sandsteinfelsen, steile, vom Eisengehalt verfärbte Kliffe, Mangrovenwälder und Sandstrände zieren die malerische Küste; im Landesinnern erstreckt sich ein Hochplateau mit Rhododendren und Kannenpflanzen. In den Mangroven an der Küste lassen sich Nasenaffen beobachten; um das Parkzentrum herum sind Wildschweine, Eichhörnchen und Makaken zu sehen. Vorsicht, die Affen sind geübte Diebe!

Markierte Pfade *(1–6 Std.)* führen durch den Park, sodass man keinen Führer braucht. Ein Tagesausflug ist möglich, sofern man sich auf kurze Wanderungen in Küstennähe beschränkt. Mehr hat man von ein, zwei Übernachtungen im Parkzentrum, doch in der Saison sind die 30 teils sehr vernachlässigten Zimmer (€) oft ausgebucht. *Reservierungen beim Sarawak Forestry in Kuching*
Ab Kuching fahren Busse bis 17 Uhr stündlich für RM 4 nach *Bako Bazaar (Taxi RM 42).* Von der Anlegestelle des Fischerdorts aus fahren Boote nach Bedarf hinüber nach *Teluk Assam (20 Min. | RM 47 pro Person).*

DAMAI BEACH & SARAWAK CULTURAL VILLAGE (128 B4) (ﾛ *H6*)

Am schönen weißen Sandstrand, 35 km nördlich der Stadt, bieten einige komfortable Resorts Alternativen zu den Stadthotels, z. B. das luxuriöse *Damai Puri Resort & Spa (207 Zi. | Tel. 082 84 69 00 | www.damaipuriresort.com | €€€).*

Landeinwärts liegt das ⭐ *Sarawak Cultural Village (tgl. 9–17, Show um 11.30 und 16 Uhr | Eintritt inkl. Show RM 60 | Tel. 082 84 64 11 | www.scv.com.my).* In einem weitläufigen Park wurden von Bidayuh, Iban, Kenyah, Melanau, Penan, Malaien und Chinesen traditionelle Häuser errichtet, in denen sie ihre Kultur präsentieren. Nach einer Stärkung im Restaurant (€€) lohnt der Besuch der Folkloreshow. Alles wird überragt vom markanten *Gunung Santubong*, der bestiegen werden kann. Ein Shuttlebus *(12-mal so 9–22 Uhr | RM 12)* verkehrt ab Singgahsana Lodge, dem Hilton und dem Riverside Majestic Hotel in Kuching. Jedes Jahr findet das **INSIDER TIPP▶** *Rainforest World Music Festival (Tagesticket RM 123, Drei-Tage-Pass RM 333 | www.rwmf.net)* an einem Juli-Wochenende im Cultural Village statt. Es bringt Spitzenmusiker aus aller Welt auf einer Bühne direkt vor dem Regenwald zusammen. Hotelbuchungen für diesen Zeitraum sollten Sie bereits Monate im Voraus vornehmen.

LANGHAUS-TOUREN ⭐
(128–129 C–D 4–5) (𝄢 J–K6)

Am Oberlauf der Flüsse Skrang, Lemanak und Batang Ai leben noch einige Iban-Dorfgemeinschaften in traditionellen Langhäusern. Auch wenn die meisten mittlerweile auf Straßen zu erreichen sind, verwenden die Iban immer noch selbst gebaute Boote mit Außenbordern, um zu ihren Feldern zu fahren oder Touristen abzuholen. Diese werden von den Dorfbewohnern mit traditionellen Tänzen unterhalten und mit Reiswein und Dschungelgerichten verköstigt. Zum Verkauf steht Kunsthandwerk von unterschiedlicher Qualität, zum Teil aus Indonesien importierte Massenware. Wer eine individuelle Erfahrung Großgruppen vorzieht, sollte mindestens eine Übernachtung in einem abgelegenen Langhaus einplanen. Dann geht es auf der Straße in vier bis fünf Stunden bis zum *Batang-Ai-Stausee*, von dort mit dem Boot weiter über den See und auf schmalen Flüssen stromaufwärts, vorbei an Feldern mit Bergreis und Pfefferplan-

Lebendiges Museum: Im Cultural Village wohnen verschiedene Volksgruppen Sarawaks

tagen bis hinauf zu den Dschungelgebieten des *Batang Ai National Parks*. Einen Besuch in traditionellen Langhäusern organisieren Veranstalter in Kuching *(s. Auskunft S. 78)* oder das *Hilton Batang Ai Longhouse Resort (100 Zi. | Tel. 083 58 43 88 | www.hilton.com | €€€)* am Stausee.

SEMENGGOH ORANG-UTAN
SANCTUARY ⊘ (128 B5) (⌖ H6)

32 km südlich von Kuching erreichen Sie nach einer halbstündigen Fahrt das Naturschutzgebiet von Semenggoh. Im Rehabilitationszentrum wird versucht, von der Forstbehörde beschlagnahmte Orang-Utans an das Leben in der Wildnis zu gewöhnen. Mit etwas Glück lassen sich einige der im dichten Regenwald lebenden Menschenaffen zu den Fütterungszeiten um 9 und 15 Uhr sehen. Eine kleine Ausstellung informiert über die vom Aussterben bedrohten Primaten. *Tgl. 8–11 und 14–16.30 Uhr | Eintritt RM 10 | Taxi ab Kuching RM 45 einfache Fahrt*

MIRI

(129 E2) (⌖ L4) Die Küstenstadt im Norden von Sarawak ist Ausgangspunkt für den Besuch des schönsten Nationalparks und der ältesten von Menschen bewohnten Höhlen.

Zuvor sollten Sie es nicht versäumen, Miri (300 000 Ew.) selbst zu erkunden. Seit den 1960er-Jahren hat die Stadt dank der reichlich sprudelnden Ölquellen im Südchinesischen Meer und der Erschließung von Erdgasvorkommen einen gewaltigen Boom erlebt. In der *Chinatown* nördlich des Busbahnhofs wurden die traditionellen Geschäftshäuser liebevoll restauriert. Am Ende des alten Gemüsemarkts *Tamu Lama* neben dem Fischmarkt steht am Ufer des *Miri River* der kleine chinesische Tempel *Tao Pek Kong*. Am Wochenende kommen neben den ausländischen Ölarbeitern auch viele Besucher aus dem konservativ-islamischen Nachbarland Brunei zum Essen, Trinken und Feiern. Auch die Einkaufsmöglichkeiten sind besser als in den meisten anderen Städten Borneos.

Flugverbindungen bestehen nach Kuala Lumpur, Kota Kinabalu und in die Küstenorte von Sarawak. Busse verkehren bis Kuching und vereinzelt über Brunei bis nach Kota Kinabalu.

SEHENSWERTES

PETROLEUM MUSEUM

Im Mittelpunkt der abwechslungsreichen, aber etwas vernachlässigten Ausstellung steht das schwarze Gold, das der Region und dem Sultanat Brunei Wohlstand brachte. Detaillierte Modelle und Schautafeln veranschaulichen die Entstehung von Öl und die Arbeit auf den Bohrinseln. Bereits 1910 wurde in Miri Öl entdeckt. Der erste Bohrturm, die *Grand Old Lady*, steht nahe dem Museum. *Di–Fr 9–16.45, Sa/So 10–16 Uhr | Eintritt frei | Canada Hill*

TAMU MUHIBBAH

Auf dem großen, überdachten Markt verkaufen Bauern aus der Umgebung Obst, Gemüse und andere Produkte. Mit etwas Glück finden Sie im hinteren Bereich neben dem kleinkörnigen, schmackhaften Bario-Reis seltene Dschungelprodukte. *Tgl. 8–18 Uhr | Jalan Padang*

ESSEN & TRINKEN

APOLLO SEAFOOD

Das betriebsame Fischrestaurant liegt direkt im Zentrum. Sie wählen Fische und Krabben aus und lassen sie grillen oder dünsten. *Tgl. | 4, Jalan South Yu Seng | Tel. 085 42 08 13 | €€*

BILAL RESTAURANT

Alteingesessenes Restaurant mit muslimisch-indischen Gerichten und leckerem Tandoori-Hähnchen. *Tgl. | Persiaran Kabor | €*

SUMMIT CAFE

Das kleine, offene Restaurant ist der Ort, um ungewöhnliche Gerichte der Dayak zu probieren. Man kann sich die Zutaten zusammenstellen, es gibt aber auch malaiische Speisen. *Mo–Sa | Centre Point Commercial Centre I | €*

YI HAH HAI SEAFOOD

Großes, etabliertes Restaurant nahe dem etwas stinkenden *Miri River* mit großer Auswahl an chinesischen Fleisch- und Fischgerichten. *Tgl. abends | Lot 892-93, Miri Waterfront Commercial Centre | Tel. 085 43 34 01 | €€*

EINKAUFEN

Im *Sarawak Handicrafts (tgl. 9–19 Uhr | 266, Jalan Merbau)* stapelt sich eine gute Auswahl an Kunsthandwerk auf zwei Stockwerken. Einiges kommt allerdings aus Indonesien oder von den Philippinen. Im *Miri Handicraft Centre (tgl. 9–18 Uhr | Jalan Brooke)* verkaufen die verschiedenen ethnischen Gruppen ihre Handarbeiten. Gelegentlich finden auch Tanzvorführungen statt.

Die *Imperial Mall (Jalan Post)* mit 146 Läden und Restaurants auf vier Stockwerken, ermöglicht einen entspannten Einkauf in klimatisierten Räumen. Das *Bintang Plaza (Jalan Miri Pujut)* beherbergt u. a. einen Buchladen mit englischsprachigen Büchern und ein Kino.

AM ABEND

Chaplin's 339 *(Jalan Miri Pujut | Pelita Commercial Centre)* ist ein klassischer Pub mit freundlichem Personal . Weitere beliebte Lokale um das Pelita sind *Other Office* und *Cherry Berries*.

Am zweiten Wochenende im Mai bringt das jährliche Borneo Jazz Festival (www. jazzborneo.com) regional und international bekannte Jazzmusiker auf die Bühne des *Pavilion (Park City Everly Hotel | Eintritt RM 80 pro Abend)*.

ÜBERNACHTEN

DRAGON INN

Das kleine, ruhig gelegene und relativ neue Hotel punktet mit sauberen Zimmern zu einem guten Preis-Leistungs-Verhältnis. *20 Zi. | 355, Jalan Masjid | Tel. 085 42 22 66 | €*

MIRI MARRIOTT RESORT

4 km südlich vom Zentrum gelegen, bietet das familienfreundliche Resort am Strand großzügige Zimmer und eine gepflegte Gartenanlage mit großem Pool. *220 Zi. | Jalan Temenggong Oyong Lawai | Tel. 085 42 11 21 | www. marriott.com/myymc | €€€*

SOMERSET HOTEL

Ein ruhiges Hotel am Rand des Zentrums mit sauberen Zimmern und Apartments. *52 Zi. | 12, Jalan Kwangtung | Tel. 085 42 27 77 | sohotel@po.jaring.my | €€–€€€*

AUSKUNFT

VISITORS INFORMATION CENTRE

452, Jalan Melayu | südlich des Stadtzentrums | Tel. 085 43 41 81

Touren in das Landesinnere organisieren die Veranstalter *Planet Borneo (273, Brighton Centre | Jalan Temenggong Oyong Lawai | Tel. 085 41 55 82 | www. planetborneotours.com)* und *Tropical Adventure (Soon Hup Shopping Complex |*

Jalan Maju | Tel. 085 41 93 37 | www.bor neotropicaladventure.com).

ZIELE IN DER UMGEBUNG

GUNUNG MULU NATIONAL PARK ★ ● (129 F2) (*M L4*)

In den Kalksteinmassiven *Gunung Api* (1750 m) und *Gunung Benarat* (1585 m) des 530 km² großen Mulu-Nationalparks *(www.mulupark.com)* östlich von Miri wurden 26 Haupthöhlen und diverse Nebensysteme entdeckt – unter anderem die *Sarawak Chamber*, die größte natürliche Höhlenkammer der Welt (600 m lang, 450 m weit und 100 m hoch). Seit 1985 sind vier Schauhöhlen für Touristen zugänglich. Die einzig praktische Anreise unternehmen Sie mit Kleinflugzeugen der Malaysia Airlines *(2–3-mal tgl. | ca. RM 164 einfacher Flug)* von Miri aus. Sie sollten frühzeitig buchen, da die Maschinen in der Saison meist voll sind!

Bedeutend besser als die Unterkünfte der Parkverwaltung ist das 2 km vom Parkzentrum entfernte *Royal Mulu Resort (188 Zi. | Tel. 085 79 01 00 | www. royalmuluresort.com | €€€),* das momentan von der Marriott-Kette modernisiert und aufgewertet wird. Da der Park zum Highlight einer Malaysiareise gehört, haben ihn zahlreiche Reiseagenturen im Programm. Mitzunehmen sind Schuhe mit gutem Profil, Taschenlampe und Regenschutz. Vom Parkzentrum (hier werden auch Permits ausgestellt) führt ein 3 km langer Holzsteg durch den Regenwald zur *Lang's Cave (14.30–17 Uhr beleuchtet),* einer Höhle voll herrlicher Tropfsteingebilde. Geht die Sonne unter, fliegen **INSIDER TIPP** mehrere Millionen von winzigen Fledermäusen aus der benachbarten *Deer Cave (ca. 17.30–18.30 Uhr)* ins Freie. Die 2160 m lange und bis zu 220 m breite Höhlenpassage gilt als die größte der Welt. Nationalpark-Guides führen Besucher in ihren hinteren Teil, bis zum *Garden of Eden,* einem von steilen Felsen umschlossenen Tal. Auf dem Melinau-Fluss geht es zur *Wind Cave (beim Parkzentrum buchen),* die voller bizarrer Tropfsteine ist. Ein kurzer Spaziergang führt zur *Clearwater Cave,* bei der aus dem Fels quellendes Wasser einen glasklaren Badeweiher füllt. Beide Höhlen werden von 9.30 bis 12.30 Uhr

Spannendes Urwaldabenteuer: Per Boot geht es in den Gunung Mulu National Park

beleuchtet und sind dann im Rahmen von Führungen zugänglich. Auf dem Weg stoppen die Boote beim neueren Penan-Dorf *Batu Bungan.* Frauen bieten dort Armreifen, Perlenstickereien, Holzschnitzereien und Matten an.

Abhängig vom Erfahrungsgrad können beim *Adventure Caving* der Garden of Eden und weitere Höhlenpassagen erkundet werden. Nach Voranmeldung ist es maximal acht Besuchern plus Guide möglich, den **INSIDER TIPP** *Canopy Sky Walk (6-mal tgl. zw. 7 und 14 Uhr | RM 35)* zu begehen. Hängebrücken führen durch die Wipfel des Regenwalds und über zwei Dschungelflüsse. Für die Wanderung auf ausgeschilderten Pfaden zum nahen *Paku-Wasserfall* wird kein Guide benötigt. Trekker, die sich bereits gut akklimatisiert haben, wandern in drei Tagen zu den *Pinnacles,* messerscharfen, bis 45 m hoch aufragenden Kalksteinspitzen am Gunung Api.

KELABIT-HOCHLAND (129 F3) (*L5*)

Auf dem weitgehend unerschlossenen Hochland, das sich im Nordosten Sarawaks auf rund 1200 m Höhe bis zur indonesischen Grenze ausdehnt, ist noch wenig vom Tourismus zu spüren. Die Anreise mit kleinen Propellermaschinen von Miri aus zweimal täglich sollte früh-

zeitig gebucht werden, denn das Hochland ist nur schwer auf dem Landweg zu erreichen. Nach 50 Minuten landen die Maschinen auf dem Flugfeld von Bario. In dem kleinen Hauptort gibt es einfache Unterkünfte, z. B. *Nancy's Homestay (Tel. 085 79 10 56)* und **INSIDER TIPP** *Ngimat Ayu Homestay (Tel. 013 8 40 61 87).* Das weite Hochland mit Reisfeldern, Bambus- und Kerangaswäldern mit Rhododendren und Kannenpflanzen eignet sich für ausgiebige Wanderungen. Reiseagenturen in Miri *(s. S. 82)* bieten Touren an. *Weitere Infos: ebariocms.temabu.com.*

LAMBIR HILLS NATIONAL PARK (119 E2) (*L4*)

Die bewaldeten Sandsteinhügel südlich von Miri sind ein beliebtes Ausflugsziel, das Naturschutzgebiet eignet sich perfekt für leichte Wanderungen im Regenwald. Das *Parkzentrum (tgl. 8–17 Uhr | Eintritt RM 20 | Tel. 085 471609)* liegt 32 km von Miri entfernt und verfügt über eine Kantine, ein Infozentrum und ein paar einfache Unterkünfte (€). In Miri buchen! Die meisten Besucher schlendern nur bis zu den 15 Minuten entfernten *Latak-Wasserfällen,* wo man im natürlichen Pool schwimmen kann. Weiter führt der Pfad zu einem 40 m hohen Aussichtsturm und dann in 3,5 Stunden steil

WALDMENSCHEN

Auf Borneo und Sumatra leben die einzigen Primaten außerhalb Afrikas. Orang-Utans, malaiisch für „Mensch-Wald", sind durch illegalen Tierhandel und die Zerstörung ihres Lebensraums vom Aussterben bedroht. Holzfäller und Plantagenarbeiter erschießen Mütter, um die Babys zu verkaufen. Dank engagierter Naturschutzorganisationen sind die Tiere nun besser geschützt, illegale Tierhändler erwartet die Todesstrafe. Sie können sich in den Rehabilitationszentren in Sarawak *(s. S. 81),* Sabah *(s. S. 95)* und im indonesischen Landesteil Kalimantan über die Aktivitäten der Tierschützer informieren.

Taschenlampe nicht vergessen: Im Niah Cave National Park geht's in den Untergrund

bergan auf den 450 m hohen *Bukit Lambir*. Es gibt zahlreiche Alternativen, etwa die weniger anstrengenden Wanderungen zum *Nibong-* *(45 Min.)* oder zum *Pantu-Wasserfall (1 Std.)*. Karten erhält man beim Parkzentrum. Nehmen Sie Trinkwasser mit! Die Lokalbusse von Miri nach *Bintulu* und *Batu Niah* stoppen nahe beim Parkeingang, ein Taxi aus Miri kostet RM 50.

NIAH CAVES (129 E2) *(ⱳ K4)*

Die Sensation war perfekt, als Archäologen 1958 einen rund 37 000 Jahre alten Schädel in den Niah-Höhlen fanden. Bis dahin war angenommen worden, die südostasiatische Bevölkerung sei viel jünger. Chinesen ist Niah ein Begriff, weil aus diesen Höhlen Vogelnester für ihre berühmte Suppe kommen. Bei schönem Wetter kehren am Abend rund 4 Mio. Salanganen (Seglervögel) in das Höhlensystem zurück, während viermal so viele Fledermäuse hinausfliegen. Die impo-

sante *Great Cave* ist über einen Holzsteg durch den Primärwald erreichbar *(ca. 1 Std.)*. Durch die Haupthöhle gelangt man in einer halben Stunde zur *Painted Cave* mit prähistorischen Wandmalereien. Die mehr als 10 000 Jahre alte Kunst ist jedoch kaum noch zu erkennen.

Busse, die von Miri auf dem Trans-Sarawak-Highway Richtung Süden fahren, halten nach 96 km an der Abzweigung nach *Batu Niah* (11 km). Im Ort gibt es einige Restaurants und einfache Hotels. Von dort geht es entweder auf einer ca. 3 km langen Straße *(Taxi RM 10)* oder einem halbstündigen Fußweg am Fluss entlang zum Nationalpark. Ein Taxi ab Miri direkt zum Nationalpark kostet etwa RM 100. Der Park hat ein Informationszentrum, eine Kantine, Schlafsäle und hübsche Bungalows *(35 Zi. | Tel. 085 43 41 84 | €–€€)*. Für die Besichtigung der Höhlen braucht man eine starke Taschenlampe, Schuhe mit gutem Profil und Trinkwasser.

SABAH

Die Natur begeistert im zweitgrößten Staat Malaysias (73 631 km²) – die extrem vielfältige Vegetation beim Aufstieg auf den höchsten Gipfel Südostasiens, den Mount Kinabalu (4095 m), der Urwald im Danum Valley und die Tierwelt in den Reservaten: Nasenaffen, Orang-Utans, Nashornvögel und Riesenschildkröten.

Die Bevölkerung (3,1 Mio.) setzt sich aus vielen ethnischen Gruppen und Zuwanderern aus den Nachbarländern zusammen. Die größte einheimische Gruppe sind die Kadazan (19 Prozent). Schon vor Jahrtausenden siedelten Fischer, Händler und Bauern an den Küsten und Flussläufen, während Jäger und Sammler die überaus artenreichen Wälder durchstreiften. Das Leben der Waldbewohner veränderte sich erst vor wenigen Jahrzehnten grundlegend, als Holzfäller mit großen Maschinen ins Landesinnere vordrangen. Ihnen folgten Plantagengesellschaften, die vor allem im Osten von Sabah riesige Flächen mit Ölpalmen bepflanzten. Mittlerweile wird man sich der vielfältig nutzbaren Schätze der Tropenwälder bewusst und beginnt, einen nachhaltigeren Weg einzuschlagen.

KOTA KINABALU

(131 D2) (*M3*) **Als die Japaner während des Zweiten Weltkriegs Borneo angriffen, wurde Kota Kinabalu**

Bild: Mount Kinabalu

Land unter dem Wind: Der faszinierende Mount Kinabalu und Nationalparks prägen die Landkarte des Bundesstaats Sabah

(600 000 Ew.) dem Erdboden gleichgemacht.

Das damalige Jesselton ist recht uninspiriert wieder aufgebaut und nach dem Mount Kinabalu benannt worden, der die Stadt überragt. Das Zentrum konzentriert sich auf den schmalen Streifen zwischen Küste und ☀ *Signal Hill (Bukit Bendera)*, von dem aus die vorgelagerten Inseln und die *Likas Bay* zu überblicken sind. Reizvoll ist in den Morgenstunden ein Spaziergang zum *Central Market* und zum benachbarten *Fischmarkt* an der Jalan Tun Fuad Stephens. Den Sonnenuntergang genießen Einheimische am südlichen ☀ *Tanjung Aru Beach* mit einem Luxusresort und einigen Strandrestaurants. *www.kotakinabalu.com*

SEHENSWERTES

KULTURDÖRFER

In zwei Kulturdörfern wird bei Führungen durch rekonstruierte traditionelle Häuser und einem Bühnenprogramm mit Tänzen die traditionelle Kultur

„Street fashion" im wahrsten Sinn des Worts: Straßenschneider in Kota Kinabalu

vorgestellt. Der größten Bevölkerungs-gruppe, den Kadazan, widmet sich *Monsopiad* (tgl. 9–17 Uhr | Eintritt RM 75 | www.monsopiad.com | 15 km süd-lich, Taxi RM 35). Hingegen präsentiert das *Mari Mari Cultural Village* (Buchun-gen über Traverse Tours | Lot 227, Wisma Sabah | Touren inkl. Essen und Trans-port RM 160 | Tel. 088 26 05 01 | www. traversetours.com | 19 km östlich) fünf verschiedene Völker.

SABAH MUSEUM

Lokale Kultur, Geschichte, Flora und Fau-na, Archäologie und Ethnografie sind die Themen des interessanten Museums. Das angeschlossene *Heritage Village* zeigt traditionelle Häuser und Werkstät-ten der verschiedenen Ethnien. *Tgl. 9–17 Uhr | Eintritt RM 15 | Jalan Muzium | Tel. 088 25 31 99 | museum.sabah.gov.my*

ESSEN & TRINKEN

BORNEO 1945 MUSEUM KOPITIAM

Die Wände des freundlichen, mit Holzti-schen und Stühlen eingerichteten Coffee-shops zieren Bilder aus dem Zweiten Weltkrieg. Sie bekommen hier guten Kaffee und kleine Snacks. *Mo–Sa | 24, Jalan Dewan | Tel. 019 8 83 38 29 | www. borneo1945museumkopitiam.com | €*

KEDAI KOPI FATT KEE

Das gut besuchte Eckrestaurant serviert einfache, authentische chinesische Küche. Die leckeren *chicken wings* und *sabah veggies* an einem der Tische auf dem Bürgersteig zu genießen, ist am ange-nehmsten. *Tgl. | Jalan Haji Saman, Ecke Jalan 4 | €*

INSIDER TIPP ▶ SERI SELERA

Rings um einen großen Platz versuchen sich fünf Restaurants mit einer großen Auswahl an frischem Seafood gegensei-tig zu überbieten. Imbiss- und Geträn-kestände ergänzen das Angebot. *Tgl. | Sedco Complex | €–€€*

EINKAUFEN

Interessante Märkte sind der *Filipino Market* (tgl. 10–21 Uhr | Pasar Kraftan-gan | Jalan Tun Fuad Stephens) und der *Gaya Straßenmarkt* (So 6–14 Uhr | Gaya

Street). Hier finden Sie kleine Restaurants mit köstlichen Gerichten. Die größten Einkaufszentren sind das *Centerpoint (tgl. | Lebuh Raya Pantai Baru, Ecke Jalan Duapuloh | www.centrepointsabah.com)* und die *Suria Sabah Shopping Mall (tgl. | Jalan Haji Saman | www.suriasabah.com. my)*.

FREIZEIT & SPORT

Der *Likas Sport Complex (Jalan Komplex Sukan)* am Stadtrand hat ein 50-m-Schwimmbecken und ein Fitnesszentrum zu bieten. Im *Shangri-La Tanjung Aru Resort (s. Übernachten)* gibt es ein Wassersportzentrum. Trekkingtouren organisiert *Borneo Eco Tours (Kolombong | Tel. 088 43 83 00 | www.borneoecotours. com)*, Tauch- und Schnorcheltrips *Borneo Divers (Menara Jubilee | 53, Jalan Gaya | Tel. 088 22 22 26 | www.borneodivers. net)*. Wildwasserfahrten auf dem *Kadamaian*, *Kiulu* und *Padas River* können Sie mit *Borneo Ultimate (Wisma Sabah | Jalan Tun Razak | Tel. 088 22 51 88 | www. ultimateborneo.com)* unternehmen.

AM ABEND

Die *Beach Street* und die *Esplanade Waterfront* sind voller Restaurants, Cafés und Bars. Besonders beliebt sind das große, clubartige *BED (Esplanade Waterfront)* – am Wochenende mit guten Livebands von den Philippinen – und das benachbarte irische Pub *The Shamrock*.

ÜBERNACHTEN

HOTEL EDEN

Freundliches, neues Hotel mit gut ausgestatteten, kleinen Zimmern (die billigen ohne Fenster) und gemütlichem Aufenthaltsraum. *23 Zi. | 54, Jalan Gaya | Tel. 088 26 60 54 | www.eden54.com | €–€€*

HOTEL SIXTY3

Das moderne Stadthotel punktet mit seinen komfortabel eingerichteten Zimmern und der zentralen Lage. *100 Zi. | 63, Jalan Gaya | Tel. 088 2126 63 | www. hotelsixty3.com | €€–€€€*

JESSELTON

Das älteste Hotel Sabahs wurde 1954 eröffnet und hat sich seither sein koloniales Ambiente bewahrt. *32 Zi. | 69 Jalan Gaya | Tel. 088 22 33 33 | www. jesseltonhotel.com | €€€*

SHANGRI-LA TANJUNG ARU RESORT

Das exzellente Fünf-Sterne-Hotel liegt am gleichnamigen Strand. Mit Garten, Pool und Sportmöglichkeiten. *492 Zi. | 20, Jalan Aru | Tel. 088 32 78 88 | www. shangri-la.com | €€€*

MARCO POLO HIGHLIGHTS

⭐ **Tamu (Wochenmarkt)**
Die Gemischtwarenmärkte in Tuaran, Kota Belud, Tamparuli und Beaufort sind voller Düfte, Farben und Menschen → S. 90

⭐ **Gipfelbesteigung**
Besteigen Sie den Mount Kinabalu, den mit 4095 m höchsten Berggipfel in ganz Südostasien → S. 92

⭐ **Pulau Sipadan**
In den Korallenriffen vor der Insel liegt eins der schönsten Tauchgebiete der Welt → S. 94

⭐ **Sepilok Orang Utan Sanctuary**
Hier erlernen Orang-Utan-Waisen alles Wissenswerte für ein zukünftig selbstbestimmtes Affenleben → S. 95

KOTA KINABALU

AUSKUNFT

SABAH TOURISM BOARD
In dem Büro im alten Postamt versorgen kompetente Mitarbeiter Sie mit sehr guten Informationen. *51, Jalan Gaya 1 | Tel. 088 21 21 21 | www.sabahtourism.com* Zimmerreservierung in den Nationalparks: *Sutera Sanctuary Lodges | EG, Lot G15 | Wisma Sabah | Tel. 088 30 89 14 | www.suteraharbour.com*

ZIELE IN DER UMGEBUNG

PADAS-SCHLUCHT
(130–131 C–D3) *(ℳ M3–4)*
Zwischen der kleinen, alten Stadt Beaufort und der abgelegenen Siedlung Tenom fließt der Padas River durch eine Schlucht. Durch diese führt auch eine *Schmalspurbahn*, die allerdings in der Regenzeit häufig durch Erdrutsche blockiert ist. Ansonsten fährt einmal täglich ein Zug. Alternative: eine *Wildwassertour (Anbieter S. 89)*.

RAFFLESIA FOREST RESERVE
(131 D2) *(ℳ M3)*
Nur wenige Straßen führen über den steilen Gebirgszug der Crocker Range, die zum Teil unter Naturschutz steht. Hier wächst die *Rafflesia*, die größte Blüte der Welt. An der Straße von Kota Kinabalu nach Tambunan *(60km)* informiert das *Visitors Centre (Eintritt frei)* der Rafflesia Forest Reserve, ob und wo die Blume blüht, die bis zu 60 cm Durchmesser erreicht. *Tgl. 8–15 Uhr | Tour mit einem Ranger Guide RM 100, max. 5 Personen*

TAMU (WOCHENMARKT) ★
Auf diesen bunten Wochenmärkten kauften und verkauften früher die Bewohner abgelegener Dörfer ihre Waren. Mittlerweile haben sie zwar an Bedeutung verloren, sind aber immer noch eine Institution und ein Highlight für Fotografen. Gern besucht wird der große sonntägliche Wochenmarkt in *Kota Belud* (131 D2) *(ℳ M3)*, 80 km nördlich von Kota Kinabalu.

TUARAN (131 D2) *(ℳ M3)*
Auf der Fahrt in das Industrie- und Verwaltungszentrum nördlich der Hauptstadt ist nicht zu erahnen, dass an der Küste kilometerlange, **INSIDER TIPP** kaum erschlossene Sandstrände mit weitläufigen Luxusresorts liegen: *Nexus Resort (485 Zi. | Karambunai | Karambunai-Halbinsel | Tel. 088 48 08 88 | www.nexusresort.com | €€€)* und *Shangri-La's Rasa Ria Resort (465 Zi. | Pantai Dalit | Tel. 088 79 78 88 | www.shangri-la.com | €€€)*.

TUNKU ABDUL RAHMAN PARK ☀
(131 D2) *(ℳ M3)*
Der Nationalpark *(tgl. 8.30–17 Uhr | Eintritt RM 10/Tag)* umfasst die fünf Inseln Gaya, Sapi, Manukan, Mamutik und Sulug. Von Kota Kinabalu aus erreichen Sie die Inseln mit dem Boot *(RM 30)* in nur 20 Minuten. Mit ihren Waldbeständen, den weißen Sandstränden und einer intakten Unterwasserwelt laden sie zum Schnorcheln, Tauchen, Windsurfen, Kajakfahren und Jungletrekking ein.
Auf *Gaya*, der größten der fünf Inseln, informiert eine Ausstellung im *Marine Ecology Research Centre (www.merc-gayana.com)* über die Bedeutung der Korallenriffe. Am Badestrand *Police Beach* in der Bulijong Bay liegt das wunderschöne, aber auch sehr kostspielige *Bunga Raya Island Resort (48 Chalets)* und an der Kota Kinabalu zugewandten Küste teils auf Stelzen im Meer das *Gayana Eco Resort (44 Chalets | beide: Tel. 088 27 10 33 00 | €€€; Buchungen in Kota Kinabalu: Tel. 088 38 03 90 | www.gayana-eco-resort.com)*. Von Gaya aus können Sie bei Ebbe zur Nachbarinsel *Sapi* laufen. *Sulug* mit

ihren schönen Korallenriffen ist die am wenigsten besuchte, *Manukan* mit der Hauptverwaltung des Parks die am meisten besuchte Insel. Auf *Mamutik*, der kleinsten Insel, können Sie Taucher- und Schnorchelausrüstung leihen.

MOUNT KINABALU

(131 D2) (*M3*) **Den Kadazan ist Mount Kinabalu als Sitz der Seelen der Ahnen heilig.**

Der Aufstieg zum Gipfel *Low's Peak* auf 4095 m ist ziemlich anstrengend und dauert mindestens zwei Tage. Lohn ist die faszinierende Flora und Fauna der Bergwelt und das unvergessliche Erlebnis des Sonnenaufgangs auf dem Gipfel. Zahlreiche Pflanzen im *Mount Kinabalu National Park (Tel. 088 88 90 98)* sind endemisch, es gibt sie nirgendwo sonst auf der Welt. Alle Busse, die von Kota Kinabalu nach Ranau und Sandakan fahren, halten am Parkeingang *(113 km, 2 Std. | RM 20).* Weitere Informationen unter: *www.mount-kinabalu-borneo.com*

SEHENSWERTES

AM NATIONALPARK-HEADQUARTER

Hinter dem Eingang *(Eintritt RM 15)* können im Headquarter die Formalitäten für die Gipfelbesteigung erledigt werden. Das *Exhibition Centre (Eintritt RM 3)* informiert in einer Ausstellung und einer 15-minütigen Multivisionsshow *(tgl. 14 Uhr, Fr–Mo auch 19.30 Uhr | Eintritt RM 3)* über die Tier- und Pflanzenwelt der Berge. Die *Natural History Gallery (tgl. 9–15 Uhr | Eintritt RM 3)* präsentiert das Ökosystem der Regenwälder. Durch den *Mountain Garden (tgl. 9–13 und 14.30–16, einstündige englischsprachige Führung 9, 12 und 15 Uhr | Eintritt RM 5)* mit vielen Orchideen und Kannenpflanzen verläuft ein Waldlehrpfad. Die umliegenden Bergwälder durchziehen markierte Pfade.

Ganz nah dran am tropischen Paradies: Traumstrand auf der kleinen Insel Sapi

GIPFELBESTEIGUNG ★

Für den zweitägigen Aufstieg *(8,7 km ab der Power Station)* sind warme Kleidung, Taschenlampe und Handschuhe (in Kota Kinabalu erhältlich) erforderlich. Die Wanderzeit nach *Laban Rata*, wo übernachtet wird, beträgt vier bis fünf, der Aufstieg zum Gipfel zwei bis drei Stunden. Nach dem *Carson's-Wasserfall* führt der Pfad durch einen märchenhaft knorrigen Nebelwald. Der Gipfelaufstieg beginnt um drei oder vier Uhr morgens. Am Berg montierte Seile helfen, den Weg durch die Dunkelheit zu finden.

Dschungeltrip: Poring Hot Springs

ESSEN & TRINKEN

Das Parkzentrum hat ein überteuertes Restaurant und eine Cafeteria (€€). Auch in Laban Rata werden Getränke und einfache Gerichte verkauft.

ÜBERNACHTEN

Übernachtungen müssen Sie bei *Sutera Sanctuary Lodges (Tel. 088 30 89 14 | www.suteraharbour.com)* im Vorhinein buchen und bezahlen. Sie sollten unbedingt frühzeitig reservieren! Wer nichts bekommt, kann es noch kurzfristig oder über eine Reiseagentur versuchen. Im *Parkzentrum* gibt es Chalets für zwei bis acht Personen *(28 Zi. | €€€)* und Schlafsäle *(RM 145 pro Person, auf dem Berg ab RM 448)*.

ZIELE IN DER UMGEBUNG

INSIDER TIPP PORING HOT SPRINGS

(131 D2) *(M3)*

Entspannen Sie in den heißen, schwefelhaltigen Bädern *(43 km vom Parkzentrum | Bus bis Ranau, dann Taxi | Eintritt je nach Badehaus RM 15–20)*. Auf dem *Canopy Walkway (tgl. 8–16 Uhr | Eintritt RM 5)* erkunden Sie die Baumkronen des Regenwalds. Markierte Wanderwege führen zu Wasserfällen, Höhlen, zum *Orchideengarten (tgl. 11–15 Uhr | Eintritt RM 10)* und zur *Schmetterlingsfarm (tgl. 9–16 Uhr | Eintritt RM 4)*.

SABAH TEH (131 D2) *(M3)*

Die einzige Teeplantage in Sabah, 17 km östlich von Ranau gelegen, ist für Besucher geöffnet, die vor Ort in einem Restaurant (€) essen, in Cottages (€€€) oder einem Rungus-Langhaus (€€) übernachten und an einer Tour *(nur vormittags | 45 Min. | RM 12)* teilnehmen können.

SANDAKAN

(131 E2) (*N3*) **Auf einem schmalen Landstreifen zwischen Sulusee und den umliegenden Hügeln zieht sich Sandakan (479 000 Ew.) in die Länge.**

Die über Jahrhunderte gewachsene Stadt wurde während des Zweiten Weltkriegs von Bomben der Alliierten zerstört. Nur wenige alte Gebäude blieben erhalten. Sie liegen auf dem *Sandakan Heritage Trail*, so etwa die neogotische *St. Michael´s Church*, die älteste Kirche in Sabah. Im hübschen, restaurierten ☀ *Agnes Keith House (Rotary Observatory | tgl. 9–17 Uhr | Eintritt RM 15)*, in dem die amerikanische Schriftstellerin bis 1942 lebte, bietet eine Ausstellung einen Einblick in ihr Leben.

Östlich vom Zentrum lebt die muslimische Gemeinde im Wasserdorf *Kampung Bule Sim Sim*. In der Nähe steht die *Sandakan Moschee*. Wer ein Taxi zum chinesischen ☀ *Puu-Jih-Shih-Tempel* nimmt, kann die Bucht von Sandakan überblicken. Flugverbindungen bestehen mit Kota Kinabalu, Kuala Lumpur und Tawau. Die Busfahrt nach Kota Kinabalu dauert sechs, zum Mount Kinabalu National Park vier bis fünf Stunden.

ESSEN & TRINKEN

INSIDER TIPP ENGLISH TEA HOUSE ☀
Im Kolonialstil hergerichtetes altes Haus mit gepflegtem Garten und Terrasse für ein stilvolles Dinner. *Tgl. | neben dem Agnes Keith House | Tel. 089 22 25 45 | www.englishteahouse.org | €€–€€€*

ÜBERNACHTEN

INSIDER TIPP MAY FAIR HOTEL
Neben dem sehr guten Preis-Leistungs-Verhältnis ist es die gigantische DVD-Sammlung des Englisch sprechenden Besitzers, die das kleine Hotel heraushebt. Der große Flachbildschirm mit DVD-Player, bequeme Betten und lärmisolierte Fenster sorgen für gute Unterhaltung und eine geruhsame Nacht. *12 Zi. | 24, Jalan Pryer | Tel. 089 21 98 92 | €*

SABAH HOTEL SANDAKAN
Das komfortable Vier-Sterne-Hotel aus den 1980er-Jahren bietet neben angenehmen Zimmern einen großen Pool inmitten der tollen Gartenanlage. *116 Zi. | Jalan Utara | Tel. 089 21 32 99 | www.sabahhotel.com.my | €€–€€€*

SWISS-INN WATERFRONT SANDAKAN
Die schönsten der recht kleinen, aber funktional eingerichteten Zimmer im neuen Hotel haben Meerblick. *138 Zi. | HS12, Sandakan Harbour Square | Tel. 089 24 08 88 | www.swissgarden.com/hotels/siws | €€*

AUSKUNFT

TOURIST INFORMATION CENTRE
Gute Informationen erteilt die hilfsbereite Ms Elvina Sazana Ong. *Wisma Warisan, Jalan Empat | Tel. 089 22 97 51*

ZIELE IN DER UMGEBUNG

INSIDER TIPP DANUM VALLEY ☺
(131 E3) (*N4*)
Als die Sabah Foundation die Holzkonzession für ein gewaltiges Dschungelgebiet erhielt, musste sie ein artenreiches Areal von knapp fünf Prozent der Gesamtfläche für Forschungszwecke zur Verfügung stellen. Das Interesse von Touristen führte zum Bau der luxuriösen *Borneo Rainforest Lodge (33 Zi. | Buchung in Kota Kinabalu: Tel. 088 26 76 37 | www.borneorainforestlodge.com)*. Rechtzeitig reservieren! Im Preis für zwei Übernach-

tungen sind der Transport ab Lahad Datu (83 km), vier hervorragende Mahlzeiten pro Tag und geführte Touren inbegriffen. Auch das Forschungszentrum kann besucht werden. Die Chance, bei Nachtwanderungen und -fahrten wilde Tiere zu sehen, ist groß. Nach Lahad Datu gibt es Flüge ab Kota Kinabalu sowie Busse ab Sandakan und Tawau.

GOMANTONG CAVE (131 E3) (* N3)
Tausende von Salanganen nisten in den Kalksteinhöhlen südlich der Stichstraße nach Sukau. Vogelnestsammler klettern Leitern und Stangen hoch *(Saison Feb.–Aug.)*, um die Nester zu ernten. Die Höhlen sind nicht mit öffentlichen Verkehrsmitteln zu erreichen. Taschenlampe mitnehmen! *Tgl. 8–18 Uhr | Eintritt RM 30 | 1,5 Std. Busfahrt nach Sukau RM 40*

KINABATANGAN RIVER
(131 E–F 2–3) (* N–O 3–4)
Mit 560 km ist der Kinabatangan der längste Fluss von Sabah. Ein Teil des tropischen Tieflandwalds an seinem Unterlauf wurde als Lebensraum der **INSIDER TIPP** seltenen Nasenaffen, die nur in den Tieflandwäldern von Borneo leben, unter Schutz gestellt. Die beste Chance, die Tiere zu sehen, besteht bei einer ● Bootsfahrt in der Morgen- oder Abenddämmerung *(Infos und Buchung über die Lodges)*. Bei Bootsafaris können Sie auch Makaken, Nashornvögel, Elefanten und Krokodile entdecken.
Die meisten Lodges liegen am Fluss nahe Sukau, 150 km von Sandakan entfernt, oder flussaufwärts bei Bilit. Sie organisieren für Sie auch die Anreise ab Sandakan: Nahe dem Dorf liegt die einfache *Barefoot Sukau Lodge (10 Zi. | 2,5 km flussabwärts | Tel. 089 23 55 25 | www. barefootsukau.com | €€)*. Mehr Komfort bietet die *Sukau Rainforest Lodge (20 Zi. | Buchungen über Borneo Eco Tours, S. 89 | €€€)*. Im Dschungel liegt das rustikale *Kinabatangan Jungle Camp (20 Min. flussaufwärts von Bilit | www.kinabatangan-jungle-camp.com | €€€)*.

PULAU SIPADAN ★ ●
(131 F4) (* O4)
Vor der Insel Sipadan im Südosten, rund 36 km vom Küstenort Semporna entfernt, fallen üppig bevölkerte Korallenriffe steil ins Meer ab. Das Gebiet zählt zu den schönsten Tauchgebieten der Welt *(international anerkannter Tauchausweis nötig)*. Zum Schutz der Umwelt dürfen Besucher nicht auf der Insel übernachten und auch die Anzahl der Taucher ist begrenzt. Daher wird bei einem mehrtägigen Aufenthalt meist an anderen Plätzen ins Wasser gestiegen, etwa auf *Mabul* und *Kapalai*, die ebenfalls schöne, aber nicht ganz so spektakuläre Riffe haben. Dort gibt es auch Tauchbasen mit teils komfortablen Unterkünften, auf der kleinen Insel Mabul beispielsweise das *Sipadan Water Village Resort (3 Nächte*

Eins der schönsten Tauchreviere der Welt: Pulau Sipadan

inkl. Tauchen ab US$ 1000 | Buchungen in Tawau: Wisma MAA | Tel. 089 75 17 77 | www.swvresort.com) oder die Basis von *Borneo Divers (3 Nächte inkl. Tauchen ab US$ 700 | Kontakt s. S. 89).* Günstiger sind die Schlafsaalbetten im *Mabul Beach Resort (Block B, Lot 36, Semporna Resort Township | Tel. 089 78 53 72 | www. scuba-junkie.com | €–€€)* von Scuba Junkies. Die schönste Anlage steht auf dem Korallenriff Kapalai mitten im Meer: *Sipadan-Kapalai Dive Resort (3 Nächte inkl. Tauchen ab US$ 900 | Buchungen in Tawau: 484 Block P, Sabindo Complex | Tel. 089 76 52 00 | www.sipadan-resort.com).*

SEPILOK ORANG UTAN SANCTUARY
⭐ ● 🕢 (131 E2) (𝄞 N3)

Im Rehabilitationszentrum, 26 km westlich von Sandakan, werden konfiszierte Orang-Utans ausgewildert. Besucher können sich in einer Ausstellung und durch einen INSIDER TIPP▶ hervorragenden Film über die Tiere sowie die Aufgabe des Zentrums informieren, Fütterungszeiten sind um 10 und 15 Uhr. Übernachten können Sie im *Sepilok Nature Resort (23 Zi. | Tel. 089 53 50 01 | www.sepilok. com | €€€)* oder im *Sepilok Forest Edge Resort (12 Zi. | Tel. 089 22 31 00 | www. sepilokforestedge.com | €–€€€).* Busse von Sandakan halten an der Abzweigung, 3 km vor dem Zentrum, deshalb nehmen Sie besser ein Taxi für RM 30. *Sa–Do 9–12 (Fr bis 11) und 14–16 Uhr | Eintritt RM 40, Kamera RM 10*

TURTLE ISLANDS 🕢 (131 E2) (𝄞 N3)

Der Schildkröten-Naturpark liegt 40 km nördlich von Sandakan und besteht aus drei kleinen Inseln, die zu den wichtigsten Brutstätten der Karett- und Suppenschildkröte zählen. Beobachtungen sind immer möglich, die beste Zeit dafür ist aber zwischen Juli und Oktober. Fahrten zur Insel *(1 Std.)* inklusive Übernachtung, Frühstück, Mittag- und Abendessen veranstaltet *Crystal Quest Sdn. Bhd (Sabah Parks Jetty | Jalan Buli Sim Sim | Tel. 089 212711 | RM 570 für 2 Pers.).*

AUSFLÜGE & TOUREN

Die Touren sind im Reiseatlas, in der Faltkarte und auf dem hinteren Umschlag grün markiert

1 EINMAL RINGS UM PENANG

Dieser gemütliche Tagesausflug führt von Georgetown entlang der Küste rund um die Insel Penang (ca. 70 km). Sie können diese Fahrt mit Inselbussen unternehmen oder sich ein Auto mieten, was komfortabler ist und Sie unabhängiger macht. In Georgetown oder am Airport werden Wagen, je nach Autovermietung ab RM 130 am Tag, angeboten. Oder aber Sie nehmen ein Taxi und handeln vorab mit dem Fahrer eine Pauschale aus *(RM 35/Std.)*.

Von **Georgetown → S. 32** Richtung Norden schlängelt sich die Küstenstraße erst 14 km nach **Batu Ferringhi → S. 38** – in den 1960er-Jahren ein Traumziel der Hippies, heute ein internationaler Badeort mit leider nicht mehr so paradiesischem Strand. Besuchen Sie vor Teluk Bahang den **Tropical Spice Garden** *(tgl. 9–18 Uhr | Eintritt RM 15, geführte Touren RM 25 | Lone Crag Villa | Lot 595 Mukim 2 | Jalan Teluk Bahang | www.tropicalspicegarden.com)* mit seinen mehr als 500 exotischen und endemischen (Gewürz-)Pflanzen. In Teluk Bahang bietet sich ein Besuch der **Batikfabrik** *(tgl. 9–17.30 Uhr | Eintritt frei | www.penangbatik.com.my)* an, wo Sie bei der Herstellung der Stoffe zuschauen und Stücke kaufen können.

Kurz vor dem Ortskern zweigt die Küstenstraße Richtung Süden ins Landesinnere ab und führt zur **Penang Schmetterlingsfarm** *(tgl. 9–18 Uhr | Eintritt RM 27 | 830, Jalan Teluk Bahang | www.*

Bild: Batu Ferringhi Beach auf Penang

Vier Touren, die es in sich haben: vom Bad im Wasserfall über gemächliche Zugfahrten bis hinauf auf Berggipfel zwischen Teefeldern

butterfly-insect.com). Sie beherbergt rund 4000 lebende Schmetterlinge 120 verschiedener Arten und dient auch der wissenschaftlichen Forschung. Ihre nächste Station sollte der **Teluk Bahang Recreational Forest** (tgl. 8–18 | Eintritt frei) sein. Auf etwa 100 ha bietet der Park Wanderwege, kühle Pools, einen Kinderspielplatz und vor allem Dschungel. Der 880 m lange Monkey Cup Trail ist ein schöner Spaziergang.

Auf dem Weg nach Süden führt die Straße nun hügelauf und -abwärts durch Du-

rian- und Litschiplantagen. Da und dort gewährt die tropische Vegetation herrliche ☀ Ausblicke auf die Nordwestküste, bevor die Straße bei **Sungai Pinang** (12 km südlich der Schmetterlingsfarm) erneut das Flachland erreicht. Kurz vorher lädt der ☀ **Titi-Kerawang-Wasserfall** zu einer abkühlenden Pause ein. Im Tal angekommen, lohnt mit einem eigenen Fahrzeug ein Abstecher ins Fischerdorf **Kuala Sungai Pinang**, das von Mangrovenwäldern umgeben ist. Die Inselbusse enden im chinesisch geprägten Marktort

Balik Pulau. In zwei sehr gut besuchten Restaurants *(tgl. | €)* an der Hauptstraße gibt es die beste *laksa* von Penang. Appetit auf frische Meeresfrüchte? Biegen Sie kurz vor dem Flughafen zum Fischerort **Batu Maung** ab. Dort finden Sie direkt über dem Wasser das **Batu Maung Seafood Restaurant** *(tgl. | €–€€)*. Besuchen Sie hier auch den **Sam-Poh-Tempel**, gebaut um einen mehr als 80 cm langen Fußabdruck, der dem berühmten chinesischen Seefahrer Cheng Ho zugeschrieben wird. Auf dem Weg zurück nach Georgetown *(15 km)* beeindruckt der Blick auf die **Penang Bridge**, die die Insel seit 1985 mit Butterworth auf dem Festland

verbindet und mit 13,5 km die längste Brücke Malaysias ist.

2 IM DSCHUNGELZUG DURCH DAS LANDESINNERE

Eine interessante Perspektive auf das Land bietet der ● **INSIDER TIPP** Dschungelzug („Jungle Train"). Er fährt von Wakaf Bharu nahe Kota Bharu an der nördlichen Ostküste durch das Landesinnere. Die beiden großen Expresszüge nach Kuala Lumpur und Singapur verkehren zwar nur nachts, aber so weicht man eben auf den Morgenzug um 7.16 Uhr oder einen der Bummelzüge aus. Allerdings sind diese leider oft verspätet (Fahrplan unter *www.ktmb.com.my*). Auskunft erhalten Sie im Bahnhof von Wakaf Bharu *(tgl. 8–18 Uhr | Tel. 09 7 19 69 86)*. Auf den ersten 65 km bis **Kuala Krai** überquert die Bahn mehrmals den Kelantan-Fluss, während Mitreisende das populäre Frage-und-Antwort-Spiel über Herkunft, Familie und Beruf in Gang bringen.

In Kuala Krai beginnt das schönste Teilstück der 1931 fertiggestellten Bahnlinie: Skurrile Kalksteinformationen ragen aus der Landschaft, bevor sich die Vegetation mehr und mehr zu Regenwald verdichtet – es ist eine kaum erschlossene Gegend, die Sperrgebiet war, als noch kommunistische Rebellen im Land aktiv waren. **Gua Musang**, der Name der nächsten Station, steht für Kalksteinhöhlen, die man in Begleitung eines Führers besichtigen kann. Die Sonne schimmert durch das immergrüne Laub, die feuchte Luft duftet würzig und frisch. In diesem abgelegenen Landesteil leben in vielen kleinen Dörfern Orang Asli, Ureinwohner, die noch vor einer Generation als Jäger und Sammler durch die Wälder streiften. Östlich der Bahnlinie dehnt sich bereits der **Taman Negara National**

Regenwaldidylle: der Taman Negara National Park

Park → S. 70 aus. Vom Bahnhof in **Merapoh**, 27 km südlich von Gua Musang, ist es möglich, zum 7 km entfernten, selten besuchten westlichen Eingang des Nationalparks in **Sungai Relau** (Tel. 09 9 12 48 94) zu gelangen. Dort werden einfache Unterkünfte und Wandermöglichkeiten angeboten.

Touren können Sie ab **Kuala Lipis** antreten, das Sie etwa nach der Hälfte der Fahrtzeit erreichen. Der Ort war in den ersten 50 Jahren des 20. Jhs. die Hauptstadt von Pahang. An diese Zeit erinnern noch einige historische Verwaltungsgebäude auf den Hügeln am Ortsrand. Auch die chinesischen Geschäftshäuser zwischen Bahnhof und dem Jelai-Fluss stammen aus der Pionierzeit. Hauptgrund, in Kuala Lipis auszusteigen, ist jedoch die Natur, und zwar die des **Kenong Rimba Park**. Lokale Reiseagenturen organisieren Wanderungen zu den dort liegenden Höhlen oder Flussfahrten durch das Naturschutzgebiet. Übernachten können Sie im leidlich komfortablen *Lipis Centrepoint Hotel (75 Zi. und Apartments | Level 5, Lipis Centrepoint | Jalan Pekeliling | Tel. 09 3 12 26 88 | www.centrepointhotel.com.my | €–€€).*

Um die bekanntere Seite des Taman Negara National Park zu besuchen, bleiben Sie bis zur nächsten Station im Zug und steigen erst in **Jerantut** aus. Die Kleinstadt bietet zwar keine Sehenswürdigkeiten, aber zahlreiche Pensionen, u. a. das moderne *Wau Hotel & Café (16 Zi. | Jalan Sungai Jan | Tel. 09 2 60 22 55 | www.wauhotels.com | €–€€).*

Busse und Taxis verkehren von Jerantut nach Kuala Tahan am wichtigsten Nationalparkeingang und nach Kuala Tembeling, Startpunkt der *Boote nach Kuala Tahan (9 und 14, Fr um 14.30 Uhr | 3 Std. Fahrtzeit | RM 35),* falls Sie übers Wasser anreisen möchten. Von Jerantut aus bestehen Bus- und gute Straßenverbindun-gen an die Ostküste nach Kuantan und in die Hauptstadt Kuala Lumpur.

3 VON IPOH NACH KOTA BHARU

Bei einer Tour quer durch das Landesinnere der Halbinsel bis ins Kernland der Malaien an die Ostküste lernen Sie ein etwas anderes Malaysia kennen. Abgelegene Dörfer, prachtvolle Moscheen, interessante archäologische Ausgrabungen und Museen, ein riesiger Stausee und die letzten Reste einer unberührten Natur, all das gibt es zwischen Ipoh und Kota Bharu zu entdecken. Am besten machen Sie die Tour mit einem eigenen Mietwagen, Sie können aber auch in Ipoh ein Überlandtaxi *(Tel. 05 2 55 54 17)* **chartern.**

Zunächst geht es von Ipoh auf der Schnellstraße Nr. 1 Richtung Nordwesten ins beschauliche **Kuala Kangsar**, den Geburtsort der malaysischen Kautschukindustrie. Hier wurden Ende des 19. Jhs. die ersten Gummibäume gepflanzt, deren Samen aus Brasilien geschmuggelt worden waren. Einer der ältesten Bäume steht noch heute in der Jalan Raja Chulan im Ortszentrum – eine lebendige Erinnerung an jene Zeit, als Malaysia einer der größten Kautschukproduzenten der Welt war. Die größte Attraktion von Kuala Kangsar ist die etwa 1 km südöstlich gelegene, 1913 im maurischen Stil errichtete **Ubudiah-Moschee** (tgl. 9–12, 15–16 und 17.30–18 Uhr) mit ihren goldenen Kuppeln und schmalen Türmen. Das Innere ist allerdings weit weniger spektakulär. Weitere 500 m außerhalb thront der majestätische Sultanspalast **Istana Iskandariah** auf einem Hügel.

3 km westlich von Kuala Kangsar zweigt die relativ neue Straße Nr. 76 nach Norden ab. Dieser folgen Sie für 30 km durch eine Bergwelt, in der sich Ölpalmplanta-

gen und die letzten Dschungelgebiete abwechseln, Richtung Gerik. Ungefähr 6 km vor Lenggong, hinter der Brücke über den Stausee **Tasik Raban**, biegen Sie nach rechts ab und folgen der alten Straße. Nach weiteren 2 km erreichen Sie das **Lenggong Archaeological Museum** *(tgl. 9–17 Uhr, Fr 12.15–14.45 Uhr geschlossen | Eintritt frei | Tel. 05 7 67 97 00 | www.jmm.gov.my)*. Im Lenggong-Tal wurden die mit 11 000 Jahren ältesten menschlichen Knochen und Werkzeuge im südostasiatischen Raum entdeckt.

Weiter nach Norden führt die Straße Nr. 76 bis in die chinesisch-dominierte Ortschaft **Gerik**, 5 km weiter ist der East-West-Highway (Autobahn Nr. 4) erreicht, dem Sie von nun an folgen. Die umliegenden, mehr als 130 Mio. Jahre alten Bergwälder zählen zu den artenreichsten der Erde. Im Norden steht das Gebiet bis zur thailändischen Grenze als **Royal Belum State Park** *(tgl. 9–17 Uhr, Permit muss vorab beantragt werden | Eintritt RM 10 | Tel. 05 7 91 45 43 | www.royal belum.my)* unter Naturschutz, im Süden schließt das **Temenggor Forest Reserve** an. Dennoch werden immer noch Bäume gerodet, wie die mit Baumstämmen beladenen Lastwagen bezeugen, und die lukrativen Ölpalmplantagen reichen immer weiter ins Landesinnere. Wer die Tour nicht an einem langen Tag machen möchte, kann im *Belum Rainforest Resort (12 Zi., 2 Schlafsäle | Tel. 05 7 91 68 00 | www.belumresort.com | €€)* übernachten. Am einfachsten ist ein Besuch der beiden Schutzgebiete, wenn man eine geführte Tour in den Resorts der Umgebung bucht. Zudem sind Ausflüge zur Insel **Tali Kali** möglich, die mit einem Aussichtsturm punktet. Wer Tiger und Elefanten sichten möchte, braucht viel Zeit, Glück und einen guten Führer. Weiter Richtung Ostküste geht es zunächst immer höher in die Berge bis

hinauf auf den Gebirgskamm der **Titi- wangsa Range**, der die Grenze zwischen den Bundesstaaten Perak und Kelantan markiert. Bei einer Pause am großen ❄ Titiwangsa-Rastplatz, knapp 150 km vor Kota Bharu, bietet sich bei einer Tasse heißem Kaffee nochmals ein schöner Ausblick auf die Berglandschaft.

DURCH DIE CAMERON HIGHLANDS

 Bei diesem entspannten, aber vielseitigen Tagesausflug, der mit der Fahrt auf den Berg Gunung Brinchang beginnt und bis zurück in den touristischen Hauptort Tanah Rata führt, erfahren Sie mehr über die fruchtbare Bergregion mit ihren Teeplantagen, Obst- und Gemüsemärkten. Am besten machen Sie die 170 km lange Tour mit einem Mietwagen oder nehmen in Tanah Rata ein Taxi *(RM 25/Std.)*.

Von **Tanah Rata** in den **Cameron Highlands** → S. 48 geht es frühmorgens auf der kurvenreichen Hauptstraße nach Norden, durch den Nachbarort **Brinchang**, bis kurz hinter dem Equatorial Hotel die Abzweigung zur Sungai Palas BOH Tea Estate und zum **Gunung Brinchang** angezeigt wird. Der Straße folgen Sie 2 km, nehmen dann aber nicht die Zufahrt zur Teeplantage, sondern bleiben für weitere 4,5 km auf dem schmalen, sich den Berg hinaufwindenden Weg. Die Straße durch den magisch anmutenden Mooswald endet auf dem **Gipfel** (2032 m) an einer Radio- und Fernsehendestation. Vom ❄ Aussichtsturm unterhalb der Umzäunung haben Sie vor allem vormittags bei gutem Wetter einen tollen Ausblick auf die umliegenden Täler und Hügel, über die Teeplantagen und Gemüsegärten bis zum Meer. Unterhalb des Parkplatzes lohnt ein Rundgang auf einem markierten Pfad durch den Mooswald.

Nun geht es wieder bergab auf einen Abstecher zur traditionsreichen **Sungai Palas BOH Tea Estate** → S. 48. Zurück auf der Hauptstraße lädt nach 100 m ein großes rotes Schild in den **Butterfly Garden** *(tgl. 8–19 Uhr | Eintritt RM 5)* ein. Das mit Netzen überspannte Areal bietet Ihnen Gelegenheit, zahllose far-

Abkühlung suchende britische Kolonialbeamte in die Highlands kamen und indische Plantagenarbeiter den Tee mit der Hand pflückten.

Bis nach **Brinchang** sind es noch knapp 1,5 km auf der Hauptstraße. Am südlichen Ortsende zweigt direkt vor dem hinduistischen Sri-Thandayuthabani-Tempel

Teepflanzen so weit das Auge reicht: Sungai Palas BOH Tea Estate

benprächtige Schmetterlinge wie den berühmten Rajah Brooke sowie andere exotische Insekten, Schlangen und Frösche aus nächster Nähe zu beyutachten. Auf dem knappe 500 m weiter südlich an der Abzweigung zur Kea Farm gelegenen **Markt** *(tgl.)* werden Blumen, Pflanzen, Obst und Gemüse aus der Umgebung zu Touristenpreisen angeboten. Bei einem kurzen Stopp können Sie sich eine Schale der hier wachsenden Erdbeeren kaufen. Nach weiteren 1,5 km in Richtung Süden taucht links der Straße der **Time Tunnel** *(tgl. 8.30–18.30 Uhr | Eintritt RM 5)* auf. In der lang gezogenen Halle können Sie in vergangene Zeiten zurückreisen, als

eine schmale Straße zum chinesischen **Sam-Poh-Tempel** *(tgl. bis 17 Uhr)* ab. Im größten Tempel der Highlands können Sie mehrere goldene Statuen bestaunen. Sollten Sie nun Hunger bekommen haben, finden Sie im Ortskern von Brinchang einige **INSIDER TIPP** Restaurants, die eine spannende Spezialität anbieten: *Steamboat*, eine Art Fondue. Beliebt sind das *Highlands Restaurant (tgl. | MDCH 36, Bandar Baru)*, wo noch Holzkohle verwendet wird, und das ☺ *Cameron Organic Produce (tgl. | MDCH 10, Bandar Baru | Tel. 05 4 91 48 07)*, in dem mit Biogemüse gekocht wird. Infos zu allen Sehenswürdigkeiten: *www.cameronhighland.net*

SPORT & AKTIVITÄTEN

Obwohl die Malaysier das Leben im Allgemeinen wegen des tropischen Klimas eher gemächlich angehen lassen, begeistern sie sich doch für traditionelle Sportarten.

Dazu gehören *silat*, ein überlieferter Kampfsport, oder *sepak takraw*, das Spiel mit einem geflochtenen Rattanball, der mit dem Fuß über ein Netz gespielt wird, ähnlich wie beim Volleyball. Beliebt sind in Malaysia außerdem Badminton und Hockey.

Dass das Land auch für viele andere Sportarten Möglichkeiten bereithält, ist wohl aber hauptsächlich den ausländischen Touristen zu verdanken. Vor allem die aufregende Natur hat dem Abenteuersport zum Erblühen verholfen. Reiseagenturen organisieren alles, vom Sportangeln bis hin zum Wracktauchen. Sie können sich aber immer auch über die Tourismusbüros oder in den Informationszentren der Nationalparks Anregungen holen.

BERGSTEIGEN & KLETTERN

Die Besteigung des höchsten Bergs, des Mount Kinabalu, ist relativ einfach und beliebt, aber nicht gerade günstig. Eine größere Herausforderung stellen andere Berge dar, etwa der *Gunung Tahan* im *Taman Negara* oder der *Gunung Mulu* im gleichnamigen Nationalpark. In Kuala Lumpur trainieren Sie in der *Kletterhalle Camp 5 (1 Utama Shopping Centre | Bandar Utama | Tel. 03 77 26 04 20 | www. camp5.com)*.

Bild: Korallenriff

Zuschauen oder auch selbst aktiv werden: Malaysias Sportangebot ist riesig und bietet für jeden das richtige Bewegungspensum

GOLF

Malaysias Golfplätze zählen zu den besten der Region, Caddy- und Grüngebühren sind durchaus erschwinglich. In den meisten Clubs können Sie auch Schlägersets mieten.

Eine außergewöhnlich ansprechende Anlage in Sabah mit tückischen Wasserfallen und dem Mount Kinabalu als monumentaler Kulisse im Hintergrund ist der an *Shangri-La's Rasa Ria Resort (s. S. 90)* angeschlossene *Dalit Bay Golf & Country Club (Pantai Dalit | Tuaran | Sabah | Tel. 088 79 11 88 | www.dalitbaygolf.com. my)* mit 18-Loch, Par 72, 6310 m. Eine szenisch besonders reizvolle Anlage liegt direkt am Meer: *The Golf Club Datai Bay (Jalan Teluk Datai | Kuah | Langkawi | Tel. 04 9 59 27 00 | www.dataigolf.com)* hat 18-Loch, Par 72, 5994 m. Fantastisch angelegt mit künstlichen Seen und Bächen ist der *Bukit Jambul Country Club (2, Jalan Bukit Jambul | Bayan Lepas | Tel. 04 6 44 22 55 | www.bjcc.com.my)* in Penang mit 18-Loch, Par 72, 5763 m.

Tiefgrün bewachsene Hügel umgeben das schöne Terrain.

HÖHLENERKUNDUNG

Viele Kalksteinhöhlen sind noch relativ unerforscht, eine Erkundung (nur mit professionellem Führer und entsprechender Ausrüstung!) kann anstrengend, aber auch spannend sein. Die Höhlen der touristisch weniger besuchten Landesteile Sarawak und Sabah zählen dabei zu den besten. Geführte Touren gibt es u. a. im *Taman Negara National Park*, in den *Batu Caves* bei Kuala Lumpur und im *Gunung Mulu National Park*. Angeboten werden auch solche zu den Höhlen an der Küste von Langkawi, in der Umgebung von Ipoh und Kuching *(Wind und Fairy Cave bei Bau)*, in Niah und Gomantong.

JOGGING & MARATHON

Sie wollen nicht nur allein joggen (am besten frühmorgens am Strand entlang oder zum Sonnenuntergang, wenn die Temperaturen am erträglichsten sind), sondern an einem richtigen Wettbewerb teilnehmen? Dann ist der **INSIDER TIPP** *Kuala Lumpur International Towerthon (Auskunft: Tel. 03 20 20 54 44)*, bei dem Teilnehmer Mitte Mai über endlose Treppen den hohen Fernsehturm erklimmen, bestimmt das Richtige. Eine große Herausforderung ist der *Borneo Marathon (Tel. 088 21 88 33 | www.borneomarathon.com)*, der im Mai in Kota Kinabalu veranstaltet wird. Der *Sabah's Mount Kinabalu International Climbathon (www.climbathon.my)* begeistert Aktivsportler im Oktober.

KAYAK & WILDWASSER

Paddeltouren mit dem Kayak durch Mangrovenwälder werden auf *Langkawi* und ab *Kuching* veranstaltet. Aufregender sind Wildwasserfahrten im Schlauchboot ab *Kota Kinabalu*, besonders auf dem reißenden Padas River.

Nasses Vergnügen: Wildwasserfahrt auf dem Kiulu-Fluss

SCHNORCHELN & TAUCHEN

Tropische Korallenriffe locken mit einer faszinierenden Unterwasserwelt, in der eine große Vielfalt an bunten Korallen, Schnecken, Seesternen, Schwarzspitzenhaien, Mantas und Schildkröten beheimatet sind, ganz zu schweigen von den zahllosen Riffbewohnern, wie regenbogenfarbenen Papageienfischen oder den kleinen, scheuen Clownfischen. Die Riffe liegen durchschnittlich in 4 bis 30 m Tiefe, wodurch bei guter Sicht auch Schnorcheln großen Spaß macht. Die besten Tauchgründe finden sich vor den Inseln an der Ostküste der malaiischen Halbinsel und vor Sabah. Das überkragende Korallenriff um die unbewohnte Insel *Sipadan* zählt zu den besten Tauchgebieten der Welt. In der Nähe gibt es mehrere Tauchbasen, ebenso auf *Pulau Tioman*, *Pulau Perhentian* und *Pulau Redang*. Dort werden auch Bootsausflüge zu weiter entfernt gelegenen Tauchplätzen, darunter einige teils aus dem Zweiten Weltkrieg stammende Wracks, veranstaltet.

SCHWIMMEN

Viele Vier- und Fünf-Sterne-Hotels haben einen Pool, oft auch große, schön gestaltete Poollandschaften. Im muslimischen Malaysia gehen einheimische Frauen – wenn überhaupt – bekleidet ins Wasser. Beim Baden im Meer lauern Gefahren wie starke Unterströmungen, Seeigel und Quallen. Vor allem während des Monsuns kommt es immer wieder zu tödlichen Unfällen.

SEGELN

Die Inselwelten rings um Langkawi und Kota Kinabalu sind beliebte Segelreviere. Hier haben Sie auch ohne Segelschein die Möglichkeit, auf einem organisierten Segeltörn die natürliche Schönheit des Ozeans und der kleinen, vorgelagerten Inseln zu bewundern. In der Monsunzeit werden mehrere internationale Regatten gefahren, die größte darunter ist der *Monsoon Cup (Nov./Dez. in Kuala Terengganu | www.monsooncup.com.my)*.

SURFEN & WASSERSPORT

Auf *Langkawi*, *Perhentian* und *Penang (Batu Ferringhi)* werden Surfbretter verliehen. Die besten Bedingungen zum Windsurfen bietet *Cherating* während der Zeit des Monsuns. Auf Langkawi umfasst das Angebot darüber hinaus Wasserski, Jetski, Segelkatamarane und Parasailing.

TREKKING

Im kühlen Bergland der *Cameron Highlands*, im *Kinabalu National Park* und im *Kelabit-Hochland* kann man ausgedehnte Wanderungen, teils auf markierten Pfaden, unternehmen. Anstrengender sind Trekkingtouren im feucht-schwülen tropischen Regenwald. Wanderungen auf eigene Faust sind in *Penang*, im *Taman Negara* und *Bako National Park* möglich. Ansonsten werden geführte Touren angeboten, die überaus interessant sein können, z. B. wenn Sie auf Langkawi mehr über das fragile Ökosystem des Mangrovenwalds erfahren oder im *Gunung Mulu National Park* in eine fremde Welt eintauchen. Auf Wanderungen braucht man den Körper gut bedeckende Kleidung und Wanderschuhe mit einem guten Profil, außerdem sollten Sie Trinkwasser, Insekten- und Sonnenschutz, eine Notfallapotheke, einen Tagesrucksack und Schutz für die Kamera, Taschenmesser, Toilettenpapier, Regenponcho sowie ein Fernglas dabeihaben.

MIT KINDERN UNTERWEGS

Malaysische Eltern gehören vermutlich zu den nachsichtigsten und geduldigsten der Welt. Das Land ist schlicht ein Paradies für jeden kleinen Hansdampf in allen Gassen – es bietet Kindern eine Fülle von Freizeit- und Vergnügungsmöglichkeiten.

Haben die Jüngsten nach dem Langstreckenflug erst einmal den Jetlag überwunden und sich akklimatisiert, genießen die meisten das warme tropische Klima, sofern sie vor Mückenstichen und der starken Sonneneinstrahlung geschützt sind. Viele große Hotels verfügen über einen Kinderpool und einige haben sogar ein auf Kinder ausgerichtetes Freizeitangebot. An weißen Inselstränden können sich die Kleinen tagelang beschäftigen, und ein kurzer Dschungelspaziergang oder eine Fahrt mit der Fahrradriksha eröffnet ihnen eine ganz neue, abenteuerliche Welt. Natürlich gibt es westliche Lebensmittel in den Supermärkten und die bekannten Fast-Food-Ketten. Aber auch in chinesischen Restaurants steht vieles auf der Karte, das Kindern schmeckt. Beliebt bei Groß und Klein sind *chicken rice*, *sate* (Fleischspießchen mit Erdnusssauce), *roti* (luftige, frisch gebackene Pfannkuchen) oder die kleinen, süßen Babybananen.

AQUARIA KLCC (U F2) (*ⴰ f2*)

Das große, moderne Aquarium Kuala Lumpurs im Untergeschoss des KLCC fasziniert Kinder. Beim Spaziergang durch die attraktiv gestalteten Gänge tauchen sie ab in die Vergangenheit und wandern durch den Regenwald zur Küste mit ihren tropischen Korallenriffen. Das Highlight ist ein Acryltunnel durch die Welt der Ozeane mit großen Fischen und Schildkröten. Planen Sie Ihren Besuch so, dass Sie die **INSIDER TIPP** Fütterung der Haie (Mo, Mi, Sa 15 Uhr) miterleben. *Tgl. 11–20 Uhr | Eintritt RM 35, Kinder RM 25 | www. klaquaria.com*

Weitere Aquarien gibt es im *Zoo Negara* (s. rechts) sowie auf der Insel *Langkawi* (126 A1) (*ⴰ A3*) in der *Underwater World* (tgl. 10–18, in den Ferien und am Wochenende 9.30–18.30 Uhr | Eintritt RM 38, Kinder RM 28 | Pantai Cenang | Tel. 04 9 55 61 00 | www. underwaterworldlangkawi.com.my).

INSIDER TIPP CANOPY WALKWAY

Größere Kinder werden viel Spaß daran haben, auf schwingenden Hängebrücken durch die Wipfelregion riesiger Bäume zu klettern und den tropischen Regenwald in seiner ganzen Vielfalt zu erleben. Möglichkeiten dazu gibt es im *Kepong Fore-*

Ein tropisches Kinderparadies: In Malaysia genießt der Nachwuchs alle Freiheiten und kann jede Menge Abenteuer erleben

stry Park (126 B4) *(ktn B5) (s. S. 49)*, auf dem *Penang Hill*, im *Taman Negara National Park* (126/127 C–D3) *(ktn C4) (s. S. 70)* und dem *Gunung Mulu National Park* (129 F2) *(ktn L4) (s. S. 83)*. Auch bei den *Poring Hot Springs* (131 D2) *(ktn M3) (s. S. 92)* sowie im *Rainforest Discovery Centre* bei Sepilok und im *Danum Valley* (131 E3) *(ktn N4) (s. S. 93)* werden die Ausflüge in luftige Höhen angeboten.

PETRONAS SCIENCE CENTRE
(U F1) *(ktn f1)*

In diesem interaktiven Museum über die Petroleumindustrie in Kuala Lumpur im vierten Stock des KLCC, Centre Court, werden naturwissenschaftliche Phänomene anschaulich dargestellt. Auf dem Dinosaurier-Track oder im Formel-1-Experimentierfeld können Schulkinder allerlei entdecken, Kleinere vergnügen sich auf einem originellen Spielplatz. *Di–Fr 9.30–17.30, Sa/So 9.30–18.30 Uhr | Eintritt RM 25, Kinder RM 15, Jugendliche RM 20 | Tel. 03 23 31 81 81 | www.petrosains.com.my*

SUNWAY LAGOON ● (126 C4) *(ktn C5)*

Der gigantische Freizeitpark der Metropole nahe Petaling Jaya lockt mit einer großen Bandbreite an Attraktionen. Besonders schön ist der Wasserpark mit Rutschen, einer Geisterbahn und Surfmöglichkeiten. Dazu gibt es einen Vergnügungspark, einen Wildlife Park, den gruseligen Scream Park und den großen Abenteuerspielplatz Extreme Park. *Mi–Mo 11–18, Sa/So und in den Ferien tgl. 10–18 Uhr | Eintritt ohne/mit Extreme und Scream Park RM 80/100, Kinder RM 65/80 | Tel. 03 56 39 00 00 | www.sunwaylagoon.com.my/lagoon*

ZOO NEGARA (126 C4) *(ktn C5)*

Der 13 km nordöstlich von Kuala Lumpur gelegene Nationalzoo ist nach asiatischen Maßstäben in Ordnung und mit seinen vielen exotischen Tierarten durchaus einen Besuch mit Kindern wert. *Tgl. 9–17 Uhr | Eintritt RM 30, Kinder RM 15 | Hulu Kelang | Ampang | Tel. 03 41 08 34 27 | www.zoonegaramalaysia.my*

EVENTS, FESTE & MEHR

Moslems, Chinesen, Hindus – sie alle pflegen eigene Feiertage und Festivals. Dabei werden die Daten religiöser Feiertage oft nach dem Mondkalender bestimmt. Sie finden deshalb jedes Jahr an einem anderen Tag statt. Fällt ein offizieller Feiertag auf einen Freitag bzw. Sonntag, ist der nächste Wochentag arbeitsfrei. Auch die Geburtstage der Sultane sind in ihren Bundesstaaten offizielle Feiertage. *Infos in den Touristenbüros oder unter www.tourism.gov. my/en/events*

FESTE FEIERTAGE

1. Jan. Neujahr (nicht in Johor, Kedah, Kelantan, Perlis, Terengganu); **1. Mai** Tag der Arbeit; **1./2. Juni** *Dayak Festival* (nur in Sarawak); **3. Aug.** Offizieller Königsgeburtstag; **31. Aug.** *Merdeka Day* (Unabhängigkeitstag); **25. Dez.** Weihnachten

VARIABLE FEIERTAGE

Jan./Feb. *Thaipusam* (Johor, Negeri Sembilan, Perak, Penang, Selangor); *chinesisches Neujahr.* **Flexibel übers Jahr:** *Geburtstag des Propheten; Hari Raya Qurban* (Ende der Mekka-Pilgerfahrt); *Awal Muharram* (moslemisches Neujahr);

Good Friday (Karfreitag; nur in Sabah und Sarawak); *Awal Ramadan* (Ramadan: 28. Juni–27. Juli 2014, 18. Juni–17. Juli 2015; nur in Johor, Kedah, Melaka); *Deepavali* (hinduistisches Lichterfest; nicht in Sarawak und Labuan); *Nuzul Al Q'uran* (Verkündigung des Koran; in Kelantan, Pahang, Perak, Perlis, Selangor, Terengganu); *Hari Raya Puasa* (Ende des Ramadan)

FESTE & VERANSTALTUNGEN

MITTE JANUAR/ANFANG FEBRUAR

▶ *Thaipusam:* Höchst bizarr sind die Pilgerumzüge bei diesem wichtigen Hindufest in Kuala Lumpur und den Batu Caves in der Nähe von Penang. Gläubige in Trance bohren sich dabei Spieße und Speere durch die Zunge, Opfergestelle *kavadis* sind mit Haken in der Haut verankert; seltsamerweise fließt dabei aber kein Blut.

▶ ⭐ *Chinesisches Neujahr:* Mit Knallkörpern, lauter Musik und Drachentänzen sollen die bösen Geister vertrieben werden. Die Feierlichkeiten dauern zwei Wochen und legen in den ersten Tagen das Geschäftsleben lahm. Auf Penang enden sie mit der überschwenglichen ▶ *Chingay*-Prozession.

Drachentanz und Büffelrennen: Ob chinesisch, muslimisch, hinduistisch oder buddhistisch, die Feste sind so vielfältig wie das Land selbst

APRIL

▶ *Qingming:* Damit ihre Ahnen im Jenseits weltlichen Genüssen erleben können, verbrennen Chinesen aus Papier gefertigte Güter wie Autos, Uhren und Geld.

MAI

▶ *Pesta Kaamatan:* Den ganzen Monat lang feiern die Kadazan auf Sabah ihr Erntedankfest. Höhepunkt sind die Erntedankzeremonien der *Bobhizan* (Priesterinnen) am 30./31. Mai.

▶ *Wesak Day:* Buddhisten gedenken an diesem Feiertag der Geburt, Erleuchtung und des Todes Buddhas mit Laternenprozessionen.
Ende Mai findet am Pantai Sri Tujuh (Beach of Seven Lagoons) das ▶ *Int. Drachenfestival* statt.

1. UND 2. JUNI

▶ ⭐ *Gawai Dayak:* Die Dayak in Sarawak feiern von der Nacht zum 1. Juni bis zum 2. Juni mit Reiswein, Tänzen und traditioneller Musik Erntedankfest.

ZWEITES JULIWOCHENENDE

▶ **INSIDER TIPP** *Rainforest World Music Festival:* Drei Tage lang treten im Cultural Village bei Kuching (Sarawak) Musiker aus aller Herren Länder auf und tauschen sich in Workshops aus – Publikum erwünscht.

AUGUST

▶ *Yulan:* Chinesen opfern zum Fest der hungrigen Geister den Seelen der auf die Erde zurückgekehrten Ahnen Essen.

▶ *Merdaka Day:* Zum malaysischen Nationalfeiertag am 31. August finden jedes Jahr im ganzen Land Paraden, Feuerwerke, Sport- und Kulturveranstaltungen statt.

OKTOBER/NOVEMBER

▶ *Deepavali:* Ende Oktober oder Anfang November feiern die Hindus das Lichterfest. Häuser und Straßen werden dabei mit Lichterketten und Lampions geschmückt – als Triumph des Lichts über die Dunkelheit.

ICH WAR SCHON DA!

Vier User aus der MARCO POLO Community verraten ihre Lieblingsplätze und ihre schönsten Erlebnisse

PULAU TIGA

Nach dem Auf- und Abstieg auf den Kinabalu haben wir uns zwei Tage Erholung auf *Pulau Tiga* gegönnt. Bekannt wurde die Insel durch die US-Reality-TV-Serie „Survivor". Heute wird sie wegen ihrer ruhigen Lage vor der Westküste Borneos geliebt. Neben Erholung am Strand bietet das vorgelagerte Riff gute Bedingungen zum Schwimmen und Schnorcheln. Die Besonderheit ist aber ein Schlammvulkan mitten auf der Insel. Auch er eignet sich für ein Bad. **Reto aus Winterthur**

RANCHAN POOL RECREATION PARK

Auf unserer Borneo-Reise entdeckten wir bei Serian den *Ranchan Pool Recreation Park*. Bekannt ist er durch seine Wasserfälle und den Pool am Fuß des unteren Wasserfalls. Spazierwege führen durch die bewaldete Umgebung und zu einer Hängebrücke mit besonders schönem Blick auf dieses Becken. **Inge aus Darmstadt**

SUNGAI KINABATANGAN

Als unser Reiseleiter von Elefanten auf Borneo sprach, hielten wir das für einen Witz. Umso mehr staunten wir bei einem Bootsausflug auf dem *Sungai Kinabatangan*, als plötzlich einer unserer Begleiter „Elefant, Elefant!" rief. Und tatsächlich, nachdem wir erst einen einzelnen Bullen sahen, entdeckten wir eine Herde Borneo-Zwergelefanten. Eine Begegnung, die wir nie vergessen werden. **Meredith aus Köln**

HANDICRAFT VILLAGE AND CRAFT MUSEUM

Im *Handicraft Village and Craft Museum (Jalan Merbau| Kota Bharu)* gibt es alles – von Gewebtem bis zu Holz- und Silberwaren. Im Dorf selbst wird man Zeuge, wie die Handarbeit vonstatten geht. Profis stellen oft ihre ganze Kollektion aus. Im Zentrum sind Souvenirs zu ergattern, die es sonst so nicht gibt. **Nadine aus Aachen**

Haben auch Sie etwas Besonderes erlebt oder einen Lieblingsplatz gefunden, den nicht jeder kennt? Gehen Sie einfach auf www.marcopolo.de/mein-tipp

LINKS, BLOGS, APPS & MORE

LINKS

▶ www.malaysiakini.com Auf dieser beliebten und kritischen Nachrichtenwebsite finden sich auch Berichte und Meldungen, die die malaysische Regierung lieber nicht lesen möchte. Wichtige Informationsquelle der politischen Opposition

▶ www.backpackingmalaysia.com Ein passionierter deutscher Rucksackreisender hat diese tolle Seite zusammengestellt. Sie finden darauf ausführliche Informationen zu allen wichtigen Reisezielen im Land ebenso wie seine Tourenvorschläge und Essenstipps

▶ www.clubbing9ine.com Informationen zu und Fotos aus diversen Clubs in Kuala Lumpur liefert diese Website. Auch einige Tipps zu Clubs im Rest des Landes sind darauf zu finden

▶ www.timeoutkl.com Der Ableger des weltweit verbreiteten Stadtmagazins zu Kuala Lumpur macht Sie auf kulturelle Veranstaltungen und Konzerte aufmerksam. Auch die Kino- und Clubprogramme sind übersichtlich aufbereitet. Es gibt auch eine Version für die Insel Penang (www.timeoutpenang.com)

BLOGS & FOREN

▶ blog.limkitsiang.com Ein beliebter politischer Blog, der auch kritische Töne anschlägt und sich Themen widmet, die ansonsten in der Presse totgeschwiegen werden

▶ magickriver.blogspot.com Kurzweiliger, mal politisch-kritischer, mal esoterisch-hippiehafter, mal geradeheraus-humorvoller, aber immer interessanter Blog mit einem sehr breiten Spektrum an Themen

▶ www.loyarburok.com Eine Mischung aus einer Nachrichtenseite und einem Blog, der sich mit dem aktuellen Zeitgeschehen auseinandersetzt. Neben politischen Entwicklungen werden auch die gesellschaftlichen Probleme Malaysias, wie etwa Menschenhandel oder häusliche Gewalt, thematisiert

Egal, ob Sie sich auf Ihre Reise vorbereiten oder vor Ort sind: Mit diesen Adressen finden Sie noch mehr Informationen, Videos und Netzwerke, die Ihren Urlaub bereichern. Da manche Adressen extrem lang sind, führt Sie der kürzere short.travel-Code direkt auf die beschriebenen Websites

▶ short.travel/mls1 Das Lied „Satu Suara" (übersetzt: eine Stimme) singen einheimische Stars. Es gehört zum staatlichen Integrationsprogramm „1Malaysia", das an alle appelliert, sich nicht als Malaie, Inder oder Chinese zu fühlen, sondern Malaysier zu werden

▶ short.travel/mls2 In den 1960er-Jahren war P. Ramlee der größte Star des Landes. Das gemeinsam mit Saloma gesungene „Bungawan Solo" zählt zu seinen Erfolgen

VIDEOS

▶ short.travel/mls3 Die spannende und einfühlsame englischsprachige Dokumentation beleuchtet die Arbeit und das Leben eines der letzten Hersteller von handgefertigten Räucherstäbchen in Georgetown

▶ Malaysia Travel Guide (TrulyAsia.tv) Die App listet nach Bundesstaaten sortiert die wichtigsten Sehenswürdigkeiten, Hotels und Restaurants. Sie ist mit Bildern und Videos versehen und ansprechend aufbereitet. Für Android und iOS

APPS

▶ Radio Malaysia Das kleine Programm erlaubt es Ihnen, die 15 wichtigsten kommerziellen Radiosender des Landes auf Ihrem Smartphone oder Tablet zu hören. Für Android und iOS

▶ The Star, Malaysia Mit dieser App bekommen Sie die englischsprachige Tageszeitung auf Ihr iPad. Für iOS

▶ www.tripadvisor.de/malaysia Sehr umfangreiche Sammlung an Bewertungen von Hotels, Restaurants und touristischen Aktivitäten in ganz Malaysia. Alle Beiträge stammen von Usern der Community

NETWORK

▶ www.couchsurfing.com In Malaysia nehmen bereits über 7500 Menschen am Couchsurfing teil. Die Community bietet die Möglichkeit, Menschen auf einer persönlichen Ebene kennenzulernen und gleichzeitig günstig zu reisen

▶ www.facebook.com/CutiCuti1Malaysia Auf der offiziellen Malaysia-Fanseite auf Facebook wird fast jeden Tag eine neue touristische Destination vorgestellt und auf Veranstaltungen und Sportereignisse hingewiesen

PRAKTISCHE HINWEISE

ANREISE

Zahlreiche europäische und asiatische Fluggesellschaften (darunter Lufthansa, KLM, Emirates und MAS) fliegen für 600 bis 1000 Euro nach Kuala Lumpur nonstop in elf bis zwölf Stunden. Vom Flughafen KLIA und dem benachbarten Budget-Terminal LCCT, ca. 70 km südlich der Stadt, bestehen gute Verkehrsanbindungen mit Taxis *(RM 75–100 | 45–60 Min. | Coupon am Schalter kaufen)* und zum Hauptbahnhof im Zentrum mit Bussen *(RM 10 | 1 Std.)* oder den Bahnen KLIA Ekspress und KLIA Transit *(RM 35 | 28–35 Min.)*. Sie brauchen nur der Beschilderung zu folgen. Von Singapur aus gelangen Sie über den Causeway schnell nach Malaysia.

GRÜN & FAIR REISEN

Auf Reisen können auch Sie mit einfachen Mitteln viel bewirken. Behalten Sie nicht nur die CO$_2$-Bilanz für Hin- und Rückflug im Hinterkopf *(www.atmosfair.de)*, sondern achten und schützen Sie auch nachhaltig Natur und Kultur im Reiseland *(www.gate-tourismus.de; www.zukunft-reisen.de; www.ecotrans.de)*. Gerade als Tourist ist es wichtig, auf Aspekte zu achten wie Naturschutz *(www.nabu.de; www.wwf.de)*, regionale Produkte, Fahrradfahren (statt Autofahren), Wassersparen und vieles mehr. Wenn Sie mehr über ökologischen Tourismus erfahren wollen: europaweit *www.oete.de*; weltweit *www.germanwatch.org*

AUSKUNFT

TOURISM MALAYSIA
In Deutschland: Malaysia Tourism Promotion Board | Weissfrauenstr. 12–16 | 60311 Frankfurt a. M. | Tel. 069 4 60 92 34 20 | www.tourismmalaysia.de
In Kuala Lumpur: Malaysian Tourism Centre (MaTiC) | 109, Jalan Ampang | Tel. 03 92 35 48 00 | www.mtc.gov.my
www.allmalaysia.info – Eine gut organisierte Plattform mit vielen Informationen zu touristischen Sehenswürdigkeiten im ganzen Land.
www.geographia.com/malaysia/main.html – Die Website bietet vielfältige Informationen über Land, Kultur und Leute. Auf *www.malaysia-islands.com* erfahren Sie Näheres über alle Urlaubsinseln, ihre Resorts und Aktivitäten.

BANKEN & GELD

Sie können mit Ihrer EC-Karte und natürlich auch mit einer Kreditkarte überall im Land an den Geldautomaten (ATMs) Malaysische Ringgit (RM) bekommen. Wenn Sie Geld wechseln möchten, so bieten die lizenzierten Geldwechsler meist einen besseren Kurs an als die Banken. Kreditkarten werden fast überall akzeptiert.

BRUNEI

Bei einem Ausflug nach Brunei wird an der Grenze des Sultanats eine Aufenthaltsgenehmigung erteilt, die bei EU-Bürgern 90 Tage und bei Schweizern 14 Tage lang gültig ist. Nach Bandar Seri Begawan, der Hauptstadt Bruneis, gibt es diverse internationale Flugverbindungen.

Von Anreise bis Zoll

Urlaub von Anfang bis Ende: die wichtigsten Adressen und Informationen für Ihre Malaysiareise

Ab Sarawak verkehren auch Busse und Boote. Kreditkarten werden vielerorts akzeptiert.

DIPLOMATISCHE VERTRETUNGEN

AUSLÄNDISCHE BOTSCHAFTEN IN KUALA LUMPUR

Deutschland: *26. Stock, Menara Tan & Tan | 207, Jalan Tun Razak | Tel. 03 21 70 96 66 | www.kuala-lumpur.diplo.de*
Österreich: *Suite 10.1–2, 10. Stock | Wisma Goldhill | 67, Jalan Raja Chulan | Tel. 03 20 57 00 20 | kuala-lumpur-ob@bmaa. gv.at*
Schweiz: *16, Pesiaran Madge | Tel. 03 21 48 06 22 | www.eda.admin.ch/kuala lumpur*

EINREISE

Für die Einreise nach Malaysia brauchen Sie einen Reisepass, der noch mindestens sechs Monate lang gültig ist und ausreichend Platz für die Stempel der Einreisebehörde hat. Sie können dann für bis zu 90 Tage im Land bleiben. Homepage der Einwanderungsbehörde: *www.imi.gov.my*

GEFAHREN

Malaysia ist ein sicheres Reiseland. Ein Problem stellen aber die *snatch thiefs* dar, Handtaschendiebe, die sich Passanten mit dem Moped nähern und im Vorbeifahren versuchen, die Tasche an sich zu bringen. Ängste vor Terrorimus sind absolut unbegründet – in dieser Hinsicht ist Malaysia sicherer als manche europäische Großstadt.

GEPÄCK

Für das tropische Klima sind leichte, natürliche Materialien geeignet. Pullover oder eine dünne Jacke braucht man in den kühleren Gebirgsregionen und für klimatisierte Räume. Unentbehrlich ist ein Regenschutz. Nützlich sind Geldgürtel, Sonnenhut und -brille, Taschenmesser und -lampe, Reisewecker, Ohrstöpsel, Fernglas sowie Steckdosenadapter.

GESUNDHEIT

Sie sollten sich rechtzeitig vor der Reise um einen ausreichenden Impfschutz kümmern und eventuell die Basisimpfung gegen Tetanus, Polio und Diphtherie (zehn Jahre wirksam) auffrischen. Auch ein Impfschutz gegen Hepatitis A und B sowie Tollwut ist ratsam. Nur bei längeren Aufenthalten in ländlichen Gebieten (z. B. auf Reisfeldern) besteht ein geringes Risiko an Typhus oder der Japanischen Enzephalitis zu erkranken. Im Gegensatz zur Malaria, die kaum vorkommt, stellt das ebenfalls von Mücken übertragene Dengue-Fieber ein zunehmendes Problem dar. Der einzige Schutz besteht darin, sich möglichst keine Stiche zuzuziehen. Das Leitungswasser kann überall in Malaysia sorgenfrei zum Zähneputzen benutzt werden, trinken sollten Sie es jedoch nicht. Die hygienischen Maßstäbe, die in den offenen, einfachen Straßenrestaurants und an den Imbissständen auf den Nachtmärkten herrschen, mögen zwar nicht mitteleuropäischen Standards entsprechen, dennoch müssen Sie sich wenig Gedanken machen, dass Sie sich den Magen verderben könnten. Eis kann überall zum Kühlen der Getränke benutzt werden. Frisches Obst sollten Sie immer schälen. Achten Sie darauf, viel zu trinken. Eine kleine Reiseapotheke kann hilfreich sein. Allerdings bekommen Sie alle notwendigen Medikamente in den malaysischen Apotheken *(farmasi)*. Die Kliniken sind gut ausgestattet und haben in den großen Städten europäischen Standard. Arztrechnungen müssen Sie gleich bezahlen, eine Auslandskrankenversicherung ist daher sinnvoll.

INLANDFLÜGE

Sie haben die Wahl zwischen der malaysischen Fluglinie *MAS (www.malaysiaairlines.com)* und Billigflie-

WAS KOSTET WIE VIEL?

Snack	2 Euro	
	für eine Schüssel chinesische Nudelsuppe	
Bier	3–4 Euro	
	pro Flasche (Supermarkt)	
Tee	40 cent	
	für eine Tasse	
Benzin	50 cent	
	für einen Liter Super	
Taxi	1–3 Euro	
	für eine kurze Strecke im Stadtgebiet	
Bus	2 Euro	
	100 km im Überlandbus	

gern wie *AirAsia (www.airasia.com)*, der stärksten Kraft auf dem Markt. Erwähnenswert ist zudem *Firefly (www.fireflyz.com.my)*

INTERNETZUGANG & WLAN

Internetcafés gibt es in großer Zahl in allen größeren Städten und

Touristenorten des Landes *(www.worldofinternetcafes.de/Asia/Malaysia)*. Hotspots sind in vielen Städten Malaysias verbreitet und mit „WiFi" gekennzeichnet. Zahlreiche Hotels sowie auch immer mehr Restaurants und Bars bieten den zumeist kostenfreien Zugang zum Internet über ein WLAN-Netzwerk. Manchmal müssen Sie sich zunächst registrieren lassen oder einen Code anfordern, bevor Sie ins Internet gehen können. Vor allem in teuren Hotels wird ein Zugang häufig extra berechnet. Auch die meisten Kaffeehausketten und Flughäfen sind mit WLAN ausgestattet.

KLIMA

Malaysia ist ein tropisches Land. Die Temperaturen sind relativ stabil und liegen zwischen 32 °C am Tag und 23 °C in der Nacht. Ein kräftiger Monsun bestimmt das Wetter zwischen Oktober/November und Februar. An der Ostküste der Halbinsel und auf den vorgelagerten Inseln ist in dieser Zeit Nebensaison und die meisten Resorts haben geschlossen. Die See ist dann sehr bewegt und es regnet viel. Im westlichen Teil entladen sich täglich nachmittags starke Gewitter, die etwa zwei Stunden dauern. Kühler ist es in den Bergen.

MEDIEN

Internationale Zeitungen sind bei Händlern in Luxushotels und Großstädten erhältlich. In guten Hotels liegt morgens eine der englischsprachigen Lokalzeitungen *The Star, The Straits Times, New Sabah Times* oder *Sarawak Tribune* vor der Tür. Die Homepage der deutschsprachigen Monatszeitschrift „KL-Post" finden Sie unter: *www.kl-post.com.my* Fernsehgeräte stehen in den Zimmern der meisten Hotels (ab Mittelklasse), viele haben Kabelfernsehen (BBC, CNN, Deutsche Welle TV).

MIETWAGEN

In Malaysia herrscht Linksverkehr, an den Fahrstil muss man sich gewöhnen. Sowohl internationale als auch lokale Autovermieter findet man an den Flughäfen vieler Städte. Bei Vertragsabschluss sind der Reisepass, ein internationaler Führerschein und eine gültige Kreditkarte vorzulegen. Der Fahrer muss mindestens 23 Jahre alt sein. Lokale Vermieter können bis zu 50 Prozent billiger sein. Allerdings muss man unbedingt darauf achten, dass der Mietvertrag eine Versicherung miteinschließt. Komfortable Limousinen gibt es bereits für ca. RM 200/Tag.

NOTRUF

Polizei und Notarzt: *Tel. 999*

ÖFFENTLICHE VERKEHRSMITTEL

Bahnfahrten sind ein besonderes Vergnügen – sei es entlang der Westküste der Halbinsel oder durch die dschungelbewachsene Mitte zur Ostküste. Reizvoll ist auch die Fahrt zwischen Kota Kinabalu und Tenom in Sabah. Die zweite und erste Klasse sind angenehm und haben zum Teil Schlafwagen. Sitzplätze sollten Sie vorher reservieren. Die Website der malaysischen Bahn ist unter *www.ktmb.com. my* zu finden.

Die *Überlandbusse* sind bequem und preiswert. Eine Fahrt von Kuala Lumpur nach Penang kostet je nach Standard der Busse zwischen RM 35 und 74 und dauert fünf Stunden. Allerdings sind die Busfahrer berüchtigt für ihre aggressive, mitunter unverantwortliche Fahrweise, durch die es schon öfter zu fatalen Unfällen

gekommen ist. Etwa alle zwei Stunden wird auf einer solchen Reise eine Pause bei einem Restaurant eingelegt. An den Busbahnhöfen stehen Taxis bereit.

Auf längeren Strecken fahren *Sammeltaxis* zumeist von den Busbahnhöfen ab. Man kann sie chartern oder warten, bis sich vier Passagiere mit gleichem Ziel eingefunden haben. Ihre recht günstigen Preise sind zwar festgelegt, die Fahrer verlangen aber häufig mehr, vor allem wenn sie Gäste an Hotels abholen bzw. absetzen oder nachmittags, wenn sie mit großer Wahrscheinlichkeit keine Passagiere für die Rückfahrt finden können. In einigen Städten, z. B. in Penang, verkehren *Fahrradrikschas*. Der Preis für eine Fahrt ist vorher auszuhandeln.

www.myhoponhopoff.com bietet Informationen zum Sightseeing-Bus in Kuala Lumpur und seinen Haltestellen. Stadtbahn und Busse finden Sie unter: *www. myrapid.com.my*

WÄHRUNGSRECHNER

€	RM	RM	€
1	4,10	10	2,40
7	28,80	15	3,60
12	49,40	25	6,00
15	61,80	75	18,10
17	70,00	115	27,70
20	82,30	125	30,10
35	144,10	145	34,90
50	205,90	175	42,20
75	308,80	200	48,20

ÖFFNUNGSZEITEN

Geschäfte haben meist zwischen 10 und 18/19 Uhr geöffnet, die großen Einkaufszentren täglich zwischen 10 und 22 Uhr. Bürozeiten und damit auch die Öffnungszeiten der Banken und Behörden sind zwischen 9 und 16.30/17 Uhr, teils mit einer langen Mittagspause. Vorwiegend in den mehrheitlich malaiischen Bundesstaaten Kedah, Kelantan, Perlis und Terengganu ist der Donnerstag ein halber Arbeitstag und der Freitag ein Feiertag.

POST

Die malaysische Post ist recht schnell und zuverlässig. Briefmarken für Postkarten gibt es an der Rezeption großer Hotels und in den Postämtern. Dort können zudem Wertbriefe und Pakete aufgegeben werden. Ein Brief (50 g) per Luftpost nach Deutschland oder Europa kostet

RM 3, eine Postkarte RM 0,50 *(genauere Tarife und Laufzeiten: www.pos.com.my)*.

STROM

Die Stromspannung beträgt im Allgemeinen 220 Volt, ein Adapter für dreipolige Steckdosen ist nötig.

TELEFON & HANDY

Man kann Orts- oder Überseegespräche von Münz- und Kartentelefonzellen aus führen. Für Auslandstelefonate lohnt es sich, an einem Kiosk eine Telefonkarte zu kaufen. Sie können auch von einem der

WETTER IN KUALA LUMPUR

	Jan.	Feb.	März	April	Mai	Juni	Juli	Aug.	Sept.	Okt.	Nov.	Dez.
Tagestemperaturen in °C	32	33	33	33	33	33	32	32	32	32	32	32
Nachttemperaturen in °C	22	22	23	23	23	23	22	23	22	23	23	22
Sonnenschein Stunden/Tag	6	7	7	6	6	7	7	6	6	5	5	5
Niederschlag Tage/Monat	11	10	15	17	15	11	10	12	14	19	18	13
Wassertemperaturen in °C	27	27	28	28	28	29	28	28	28	28	28	27

Büros der Telekom Malaysia aus telefonieren. Eine Festnetznummer in Deutschland erreichen Sie schon ab RM 0,14 pro Minute, einen Mobilfunkanschluss ab RM 0,80 pro Minute. Innerhalb von Malaysia kostet eine Minute je nach Prepaidtarif zwischen RM 0,12 und 0,40. Top-Up-Karten zum Auffüllen des Kontos bekommt man überall. Wer das eigene Handy mitnimmt, kann mit einer Simkarte der lokalen Anbieter *Maxis (Hotlink | Tel. (*) 1300 82 01 20 | www.hotlink.com. my)* oder *Celcom (Xpax | Tel. (*) 1300 11 10 00 | www.xpax.com.my)* mit entsprechender Vorwahl *(Maxis: 132, Celcom: 131)* sehr günstig auch ins Ausland telefonieren. In Sachen Roaming gilt: Ihr Handy bucht sich automatisch in ein verfügbares Netz ein. Über den Menüpunkt „Netzwahl" können Sie manuell zu günstigeren Betreibern wechseln. Am preiswertesten ist das Versenden von SMS. Riesige Kosten verursacht die Mailbox: Schalten Sie sie am besten ab, bevor Sie Ihr Heimatland verlassen.
Internationale Vorwahlen: Deutschland 0049, Österreich 0043, Schweiz 0041, Malaysia 0060.

TRINKGELD

In vielen Hotels und Restaurants wird eine *Service Charge* von zehn Prozent berechnet. Ansonsten kann man etwas Wechselgeld liegen lassen, an Imbissständen und in einfachen Restaurants wird dies nie erwartet. Ein Guide oder ein Fahrer, mit dem man länger reist, freut sich über ein Trinkgeld.

ÜBERNACHTEN

Luxushotels bieten internationalen Standard. Sämtliche Häuser der mittleren und oberen Preisklasse addieren fünf Prozent Steuern und zehn Prozent für den Service auf den Rechnungsbetrag. Fragen Sie nach Sonderangeboten!
An den Stränden gibt es meist Bungalowanlagen in verschiedenen Preiskategorien. Auf Borneo ist das Preisniveau etwas höher als auf der Halbinsel. An offiziellen Feiertagen kann es schwierig sein, ohne Reservierung ein Zimmer zu bekommen. Der grüne Pfeil an der Decke vieler Hotelzimmer weist Richtung Mekka.
Unter *www.malaysia-hotels.net* finden Sie ein Hotelbuchungsportal in Malaysia.

ZEIT

Während der europäischen Sommerzeit ist es in Malaysia sechs Stunden, sonst sieben Stunden später als in Mitteleuropa. Zeitangaben werden meist mit dem Zusatz *am* (vor Mittag) oder *pm* (nach Mittag) gemacht.

ZOLL

Bei der Ein- und Ausreise müssen alle Bargeldbeträge inklusive Reisechecks von mehr als RM 10 000 deklariert werden. Zollfrei einführen dürfen Sie 200 Zigaretten oder 50 Zigarren, 1 l Alkohol, Geschenke im Wert von bis zu RM 400, max. 100 g Goldschmuck. Strengstens verboten ist die Einfuhr von Pornografie (als solche gilt auch der „Playboy"!). Die Ausfuhr von Antiquitäten ist bewilligungspflichtig, eine Genehmigung erteilt das *Muzium Negara* in Kuala Lumpur.
In die EU einführen können Sie 200 Zigaretten, 1 l Spirituosen und andere Reisemitbringsel im Wert von bis zu 430 Euro. Kaufen Sie keine gefälschte Markenware und Produkte von geschützten Tieren (auch Korallen, Schildpatt und Krokodilleder). So ersparen Sie sich bei der Einreise viel Ärger. *www.zoll.de*, Schweiz: *www.ezv.admin.ch*, Österreich: *www.bmf. gv.at/Zoll*

SPRACHFÜHRER MALAIISCH

AUSSPRACHE

c	wie „tsch"
j	wie das weiche „dsch" in „Dschungel"
kh	wie das „ch" in „Koch"
ny	wie „gn" in „Champagner"
r	wird gerollt
y	wie „j" in „Ja"

AUF EINEN BLICK

ja/nein/vielleicht	ya/tidak/mungkin
Bitte./Danke.	Tolong./Terima kasih.
Entschuldige.	Minta maaf.
Entschuldigen Sie!	Permisi!
Darf ich ...?	Boleh saya ... ?
Wie bitte?	Apa?
Ich möchte .../Haben Sie ...?	Saya mau .../Ada ...?
Wie viel kostet ...?	Harga berapa ...?/Berapa harganya ...?
Das gefällt mir (nicht).	Saya (tidak) suka ini./(Tidak) sukanya.
gut/schlecht	baik/busuk
kaputt/funktioniert nicht	rusak/tidak berfungsi
zu viel/viel/wenig	terlalu banyak/banyak/sedikit
Hilfe!/Achtung!/Vorsicht!	Tolonglah!/Awas!/Perhatian!
Krankenwagen/Polizei/Feuerwehr	ambulanspolis/balai bomba
Verbot/verboten	larangan/dilarang
Gefahr/gefährlich	bahaya/berbahaya
Darf ich Sie/hier fotografieren?	Boleh gambar foto anda/di sini?

BEGRÜSSUNG UND ABSCHIED

Gute(n) Morgen!/Tag (mittags)!/	Selamat pagi!/Selamat tengahari!/
Tag! (nachmittags)!/Abend!/Nacht!	Selamat petang!/Selamat malam!/ Selamat tidur!
Auf Wiedersehen (zu dem, der bleibt)!	Selamat tinggal!
Auf Wiedersehen (zu dem, der geht)!	Selamat jalan!
Ich heiße ...	Nama say...
Wie heißen Sie?/heißt du?	Siapa nama anda?/Siapa nama kamu?
Ich komme aus ...	Saya dari ...

Boleh cakap Bahasa Malaysia?

„Sprichst du Malaiisch?" Dieser Sprachführer hilft Ihnen, die wichtigsten Wörter und Sätze auf Malaiisch zu sagen

DATUMS- UND ZEITANGABEN

Montag/Dienstag/Mittwoch	hari isnin/hari selasa/hari rabu
Donnerstag/Freitag	hari kamis/hari jumaat
Samstag/Sonntag	hari sabtu/hari minggu
Werktag/Feiertag	hari pekerjaan/hari cuti, hari libur
heute/morgen/gestern	hari ini/besok/kelmarin
Stunde/Minute	jam/minit
Tag/Nacht/Woche	hari/malam/minggu
Monat/Jahr	bulan/tahun
Wie viel Uhr ist es?	Pukul berapa?
Es ist drei Uhr./Es ist halb vier.	Pukul tiga./Pukul tiga setengah.
Viertel vor vier/Viertel nach vier	Pukul tiga empat puluh lima/Pukul empat lima belas

UNTERWEGS

Eingang/Einfahrt	pintu masuk/jalan masuk
Ausgang/Ausfahrt	keluar/jalan keluar
Abfahrt/Abflug/Ankunft	perpisahan/kelepasan/ketibaan, ke-datangan
Toiletten/Damen/Herren	tandas, WC/wanita, perempuan/laki laki
(kein) Trinkwasser	(bukan) air minuman
Wo ist ...?/Wo sind ...?	Di mana ...?
links/rechts	(sebelah) kiri/(sebelah) kanan
geradeaus/zurück	lurus, terus/balik, kembali
nah/weit	dekat/jauh
Bus/Straßenbahn/U-Bahn/Taxi	bas/trem/kereta api bawah tanah/teksi
Haltestelle/Taxistand	perhentian/perhentian teksi
Parkplatz/Parkhaus	parkir/rumah parkir
Stadtplan/(Land-)Karte	peta
Bahnhof/Hafen	stesen kereta api/pelabuhan
Flughafen	lapangan terbang
Fahrplan/Fahrschein	jadual/tiket
einfach/hin und zurück	sehala/pergi pulang
Zug/Gleis	kereta api/pusat, jalan kereta api
Ich möchte ... mieten.	Saya mau menyewa ...
ein Auto/ein Fahrrad/ein Boot	kereta/baisikal/kapal laut
Tankstelle	pam petrol
Benzin/Diesel	(minyak) petrol/disel
Panne/Werkstatt	kerosakan/kilang bandar, bengkel

ESSEN UND TRINKEN

Reservieren Sie uns bitte ...	Tolong menempah/memesan ...
... für heute Abend einen Tisch für vier Personen.	... meja untuk empat orang nanti malam.
Die Speisekarte, bitte.	Tolonglah menu.
Könnte ich bitte ... haben?	Saya bisa mendapat ...?/Saya boleh ...?
Messer/Gabel/Löffel	pisau/garpu/sudu
Salz/Pfeffer/Zucker	garam/lada/gula
Essig/Öl	cuka/minyak
Milch/Sahne/Zitrone	susu/krim/jeruk nipis
mit/ohne Eis/Kohlensäure	dengan/tanpa ais/asam karbonat
Vegetarier(in)/Allergie	vegetarian/alergi
Ich möchte zahlen, bitte.	Minta bon/Saya mau bayar.
Rechnung/Quittung/Trinkgeld	bil/resit/hujung

EINKAUFEN

Wo finde ich ...?	Di mana saya mendapat ...?
Ich möchte .../Ich suche ...	Saya mau .../Saya cari ...
Apotheke/Drogerie	farmasi/kedai ubat
Bäckerei/Markt	kedai roti/pasar
Lebensmittelgeschäft/Supermarkt	grocery/ supermarket, pasar raya
100 Gramm/1 Kilo	seratus gram/satu kilo
teuer/billig/Preis	mahal/murah/harga
mehr/weniger	lebih/kurang
aus biologischem Anbau	organik

ÜBERNACHTEN

Ich habe ein Zimmer reserviert.	Saya telah menempah bilik.
Haben Sie noch ...?	Masih ada ...?
Einzelzimmer	bilik untuk satu orang/bilik tunggal
Doppelzimmer	bilik untuk dua orang/bilik dobel
Frühstück/Halbpension	makan pagi/sewa bilik termasuk dua kali makan
Vollpension	sewa bilik termasuk tiga kali makan
Dusche/Bad	mandi/bilik mandi
Balkon/Terrasse	anjung/teras
Schlüssel/Zimmerkarte	kunci/kad bilik
Gepäck/Koffer/Tasche	bagasi/kes/tas

BANKEN UND GELD

Bank/Geldautomat	bank/ATM
Ich möchte ... Euro wechseln.	Saya ingin tukar ... Euro.

bar/ec-Karte/Kreditkarte	kas/kad ec/kad kredit
Banknote/Münze/Wechselgeld	wang kertas/syiling/laman

GESUNDHEIT

Arzt/Zahnarzt/Kinderarzt	doktor/doktor gigi/doktor anak
Krankenhaus/Notfallpraxis	rumah sakit/klinik kecemasan
Fieber/Schmerzen	demam/sakit
Durchfall/Übelkeit	diarea, cirit-birit/rasa mual, mabuk
Sonnenbrand	luka bakar akibat berjemur
Pflaster/Verband/Salbe/Creme	plester/dressing/salep/krim
Schmerzmittel/Tablette	obat penghilang rasa sakit/tablet

TELEKOMMUNIKATION & MEDIEN

Briefmarke/Brief/Postkarte	stamp/surat/kad pos
Ich brauche eine Telefonkarte fürs Festnetz.	Saya perlu kad telefon untuk rangkaian tetap.
Ich suche eine Prepaidkarte für mein Handy.	Saya cari kad Prepaid untuk telefon saya.
Wo finde ich einen Internetzugang?	Di mana saya dapat mencari sambungan internet?
Brauche ich eine spezielle Vorwahl?	Apakah saya memerlukan kod khas?
Steckdose/Adapter/Ladegerät	socket/penyesuai/charger
Computer/Batterie/Akku	komputer/bateri/bateri
At-Zeichen („Klammeraffe")	at
Internetanschluss/WLAN	akses internet/WiFi
E-Mail/Datei/ausdrucken	E-mel/fail/cetak

FREIZEIT, SPORT UND STRAND

Strand/Strandbad	pantai
Sonnenschirm/Liegestuhl	payung/deckchair
Ebbe/Flut/Strömung	air surut/air pasang/arus

ZAHLEN

0	kosong	9	sembilan
1	satu	10	sepuluh
2	dua	15	lima belas
3	tiga	100	seratus
4	empat	200	dua ratus
5	lima	1000	seribu
6	enam	10000	sepuluh ribu
7	tujuh	1/2	setengah
8	lapan	1/4	seperempat

REISEATLAS

Die grüne Linie ▬▬ zeichnet den Verlauf der Ausflüge & Touren nach
Die blaue Linie ▬▬ zeichnet den Verlauf der Perfekten Route nach

Der Gesamtverlauf aller Touren ist auch in
der herausnehmbaren Faltkarte eingetragen

Bild: Reclining Buddha Temple in Georgetown

D   E   F

100 km

1

Bangkok

Vung Tau, Hong Kong

+7h Greenwich Time
+8h Greenwich Time

57

P. Redang

g. Merang
Batu Rakit
Kuala Terengganu

Marang
Wakaf Tapai

Rantau Abang
Kg. Jerangau   P. Tenggol
Kuala Dungan

220

Kemasik

199

E8

Ayer
Puteh
Chukai

Kg. Cherating

Kg. Balok

KUANTAN
Kg. Sepat
Kg. Lamir

Pekan

45

Pahang

12

185

70

3

Nenasi

Kg. Leban Condong
Kuala Rompin

Petoh
Rompin
Nat. P.
Pandang
Endau

330

Mersing

176

58

Jemaluang

Paloh

106

P. Tinggi
P. Sibu

Yong
Peng

55

1010

Mawai

KLUANG

3

Kampung Laut

65

Kota Tinggi

E2

Benut

Kulai

24

Pontian
Kecil
SEKUDAI

Senai
JOHOR BAHRU
PASIR GUDANG
Kg. Sungai Rengit

Kukup

SINGAPURA
SINGAPORE

1

SINGAPORE

P. Karimun
gsang

Norisa
P. Batam
BATAM

Tanjunguban

P. Bintan

348
P. Mapur

TANJUNG-BALAI

TANJUNGPINANG

Timun
P. Kundur
P. Sugi
Combol
Kijang

South

China

Sea

Semenanjung

Malaysia

Johor

2

3

+8h Greenwich Time
+7h Greenwich Time

Kep. Anambas
P. Matak
P. Tarempa

4

P. Jemaja

P. Raibu

INDONESIA

5

Laut Natuna

Sunda Shelf

51

K e p u l a u a n

R i a u

6

Jakarta, Perth

127

A   B   C

64
73   515

100 km

+8h Greenwich Time
+7h Greenwich Time

S o u t h

2

C h i n a

S e a

62

INDONESIA

3   P. Subi

P. Panjang

P. Seraya   P. Serasan
441

Oya

Sirik
Pulau Bruit   Matu   Nan
Daro   Tam

Tg. Pasir   SIBU

S e l.   S e r a s a n   Rajang   Bitangor
+8h Gr. Time   Sarikei   77

Tg. Datu   T e l.   D a t u   Roban   Saratok   Pakan
4   +7h Gr. Time   10   Tg. Sipang   184   Budu

Sematan   Sarawak Cult. Village   Pusa
Paloh   G. Gading   Santubong   Bako N.P.   Debak
Lundu   Sampadi   KUCHING   Sebuyau   Betong
Kubah   01 119   15   Semera
Sambas   N.P.   Siluas   Bau   Siburan   Semenggoh   Simunjan   Bandar Sri Aman
Sambas   Padawan   Orang-Utan   Serian   (Simanggang)
Tg. Gunung   Sanctuary   Pantu   Engkilili
Pemangkat   G. Niut   Tebedu   191   01
P. Lemukutan   1701   Sai
5   Sungairaya   Balaikarangan   K a l i m a n t a n   I N D O
86   Bengkayang
Mempawah   Pinang   Ngabang   Sosok
Tg. Bangkai   Mandor   Landak   Sanggau   Sintang
Equator   53   Kapuas
P. Tanjungsaleh   **PONTIANAK**   Tayan   B a r a t   Nanga P
6   Tg. Putus   Kapuas   1758   K
29   Kertamulia   G. Saran
Tg. Padangtikar   **128**
Jawi

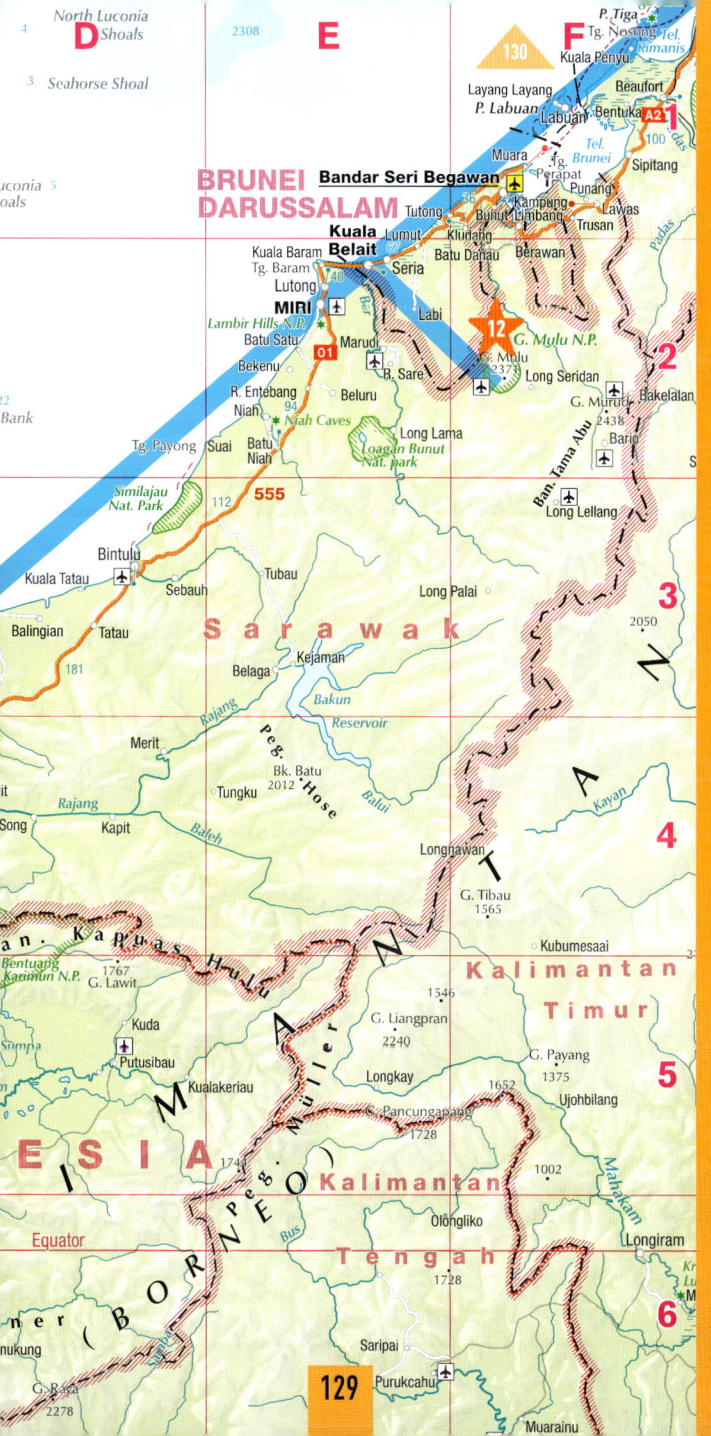

KARTENLEGENDE

Autobahn, mehrspurige Straße - in Bau Highway, multilane divided road - under construction		Autoroute, route à plusieurs voies - en construction Autosnelweg, weg met meer rijstroken - in aanleg
Fernverkehrsstraße - in Bau Trunk road - under construction		Route à grande circulation - en construction Weg voor interlokaal verkeer - in aanleg
Hauptstraße Principal highway		Route principale Hoofdweg
Nebenstraße Secondary road		Route secondaire Overige verharde wegen
Fahrweg, Piste Practicable road, track		Chemin carrossable, piste Weg, piste
Straßennummerierung Road numbering	E20 11 70 26 5 40 9	Numérotage des routes Wegnummering
Entfernungen in Kilometer Distances in kilometers	130 **259** 129	Distances en kilomètres Afstand in kilometers
Höhe in Meter - Pass Height in meters - Pass	1365	Altitude en mètres - Col Hoogte in meters - Pas
Eisenbahn - Eisenbahnfähre Railway - Railway ferry		Chemin de fer - Ferry-boat Spoorweg - Spoorpont
Autofähre - Schifffahrtslinie Car ferry - Shipping route		Bac autos - Ligne maritime Autoveer - Scheepvaartlijn
Wichtiger internationaler Flughafen - Flughafen Major international airport - Airport	✈ ✈	Aéroport importante international - Aéroport Belangrijke internationale luchthaven - Luchthaven
Internationale Grenze - Provinzgrenze International boundary - Province boundary		Frontière internationale - Limite de Province Internationale grens - Provinciale grens
Unbestimmte Grenze Undefined boundary		Frontière d'Etat non définie Rijksgrens onbepaalt
Zeitzonengrenze Time zone boundary	-4h Greenwich Time -3h Greenwich Time	Limite de fuseau horaire Tijdzone-grens
Hauptstadt eines souveränen Staates National capital	**MANILA**	Capitale nationale Hoofdstad van een souvereine staat
Hauptstadt eines Bundesstaates Federal capital	**Kuching**	Capitale d'un état fédéral Hoofdstad van een deelstat
Sperrgebiet Restricted area		Zone interdite Verboden gebied
Nationalpark National park		Parc national Nationaal park
Antikes Baudenkmal Ancient monument	∴	Monument antiques Antiek monument
Sehenswertes Kulturdenkmal Interesting cultural monument	⭐ *Angkor Wat*	Monument culturel intéressant Bezienswaardig cultuurmonument
Sehenswertes Naturdenkmal Interesting natural monument	⭐ *Ha Long Bay*	Monument naturel intéressant Bezienswaardig natuurmonument
Brunnen Well	◡	Puits Bron
Ausflüge & Touren Trips & Tours		Excursions & tours Uitstapjes & tours
Perfekte Route Perfect route		Itinéraire idéal Perfecte route
MARCO POLO Highlight	★	MARCO POLO Highlight

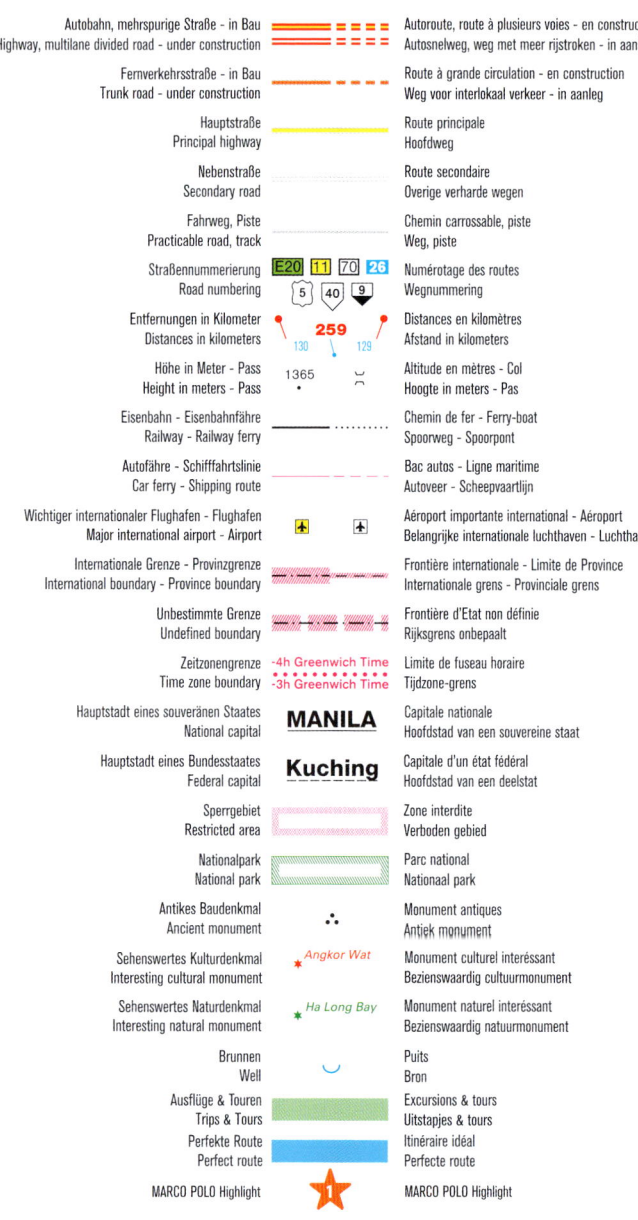

ALLE **MARCO POLO** REISEFÜHRER

REGISTER

In diesem Register sind alle im Reiseführer erwähnten Orte, Ausflugsziele und die wichtigsten Sehenswürdigkeiten aufgeführt. Gefette Seitenzahlen verweisen auf den Haupteintrag.

SCHREIBEN SIE UNS!

SMS-Hotline: 0163 6 39 50 20

E-Mail: info@marcopolo.de

Egal, was Ihnen Tolles im Urlaub begegnet oder Ihnen auf der Seele brennt, lassen Sie es uns wissen! Ob Lob, Kritik oder Ihr ganz persönlicher Tipp – die MARCO POLO Redaktion freut sich auf Ihre Infos.

Wir setzen alles dran, Ihnen möglichst aktuelle Informationen mit auf die Reise zu geben. Dennoch schleichen sich manchmal Fehler ein – trotz gründlicher Recherche unserer Autoren/innen. Sie haben sicherlich Verständnis, dass der Verlag dafür keine Haftung übernehmen kann. Kontaktieren Sie uns per SMS, E-Mail oder Post!

MARCO POLO Redaktion
MAIRDUMONT
Postfach 31 51
73751 Ostfildern

IMPRESSUM
Titelbild: Sabah Pulaum Sapi bei Kota (Laif: Kirchgessner)
Fotos: DuMont Bildarchiv: Kiedrowski (28, 79, 80, 85, 88); R. Freyer (28/29, 36, 47, 108); Huber: Damm (2 M.u., 32/33), Picture Finders (10/11, 18/19, 74), Schmid (24/25); © iStockphoto.com: andy_lim (16 M.), YanLev (17 u.); KHOON HOOI: Vincent Paul Yong (16 o.); C. Lachenmaier (49); Laif: Kirchgessner (1 o.); M. Loose (1 u., 83); mauritius images: Alamy (Klappe r., 2 o., 2 M.o., 4, 6, 7, 8, 9, 12, 26 l., 26 r., 30 u., 34, 41, 43, 51, 52, 54, 56, 68, 95, 101, 112 o., 113), DK images (Klappe l.), Raga (30 o.); H. Mielke (20, 29, 92, 102/103, 106); Okapia: Klein&Hubert (15); Rohanis Bio (17 o.); C. Schneider (5, 63, 71, 112 u.); O. Stadler (2 u., 3 u., 58/59, 60, 65, 96/97, 109, 124/125); T. Stankiewicz (66); K. Thiele (3 o., 3 M., 23, 72/73, 77, 86/87, 91, 104, 106/107, 108/109); M. Thomas (27, 38); R. Thomas (107); Wei-Ling Gallery (16 u.); White Star: Reichelt (44, 98)

7. Auflage 2014
Komplett überarbeitet und neu gestaltet
© MAIRDUMONT GmbH & Co. KG, Ostfildern
Chefredaktion: Marion Zorn
Autoren: Mischa Loose, Claudia Schneider; Redaktion: Jens Bey, Franziska Kahl
Verlagsredaktion: Ann-Katrin Kutzner, Nikolai Michaelis
Bildredaktion: Gabriele Forst
Im Trend: wunder media, München
Kartografie Reiseatlas: © MAIRDUMONT, Ostfildern; Kartografie Faltkarte: © MAIRDUMONT, Ostfildern
Innengestaltung: milchhof:atelier, Berlin; Titel, S. 1, Titel Faltkarte: factor product münchen
Sprachführer: in Zusammenarbeit mit Ernst Klett Sprachen GmbH, Stuttgart, Redaktion PONS Wörterbücher

DROGEN NEHMEN

Schon der Besitz kleinster Mengen klassifiziert Sie als Händler, was (auch für Ausländer) den Gang zum Galgen zur Folge haben kann. Deshalb: Hände weg von jeder Art von Drogen, die Polizei ist wachsam!

FALSCH SCHENKEN

Chinesen sollten Sie Dinge nur in einer geraden Anzahl schenken – das verheißt Glück. Bei Langhausbesuchen ist es ratsam, kleine Mitbringsel dabeizuhaben, sie gehören zur Begrüßungszeremonie. Geschenke gibt und nimmt man immer mit der rechten Hand.

BENIMMREGELN MISSACHTEN

Schmusen oder gar Küssen in der Öffentlichkeit ist verpönt, nackt oder oben ohne zu baden landesweit untersagt. An der Ostküste sollten Sie dezente Kleidung tragen. Fremden auf die Schulter zu klopfen oder ihnen freundschaftlich über den Kopf zu streicheln, wird als rüde empfunden, denn der Kopf ist der Sitz der Seele. Und deuten Sie nicht mit dem Finger auf Menschen, ein in die entsprechende Richtung weisendes Kopfnicken genügt und wird universell verstanden. Wohn- und Gebetshäuser betritt man generell barfuß, die Schuhe müssen draußen bleiben. Apropos Füße: Sie gelten als der geringwertigste und damit als der schmutzigste Körperteil. Beim Sitzen auf dem Boden schlägt man sie deshalb im Schneidersitz unter das Gesäß

und erspart seinem Gegenüber so, die blanken oder auch beschuhten Fußsohlen ansehen zu müssen. Weniger verwestlichte Malaysier (z. B. auf dem Land lebende) würden dies als einen großen Affront empfinden und es als ein Zeichen äußerster Geringschätzung werten.

DAS GESICHT VERLIEREN

Malaysierinnen und Malaysier sind Gefühlsausbrüche und Schreien nicht gewöhnt. Wer auf diese Weise versucht, etwas durchzusetzen, wird sicher das Gegenteil bewirken. Die sonst sehr hilfsbereiten Menschen können dann äußerst stur werden. In einer Problemsituation ist es weit angemessener und führt sehr viel eher zu einer Lösung, sein Gegenüber um Rat oder Hilfe zu fragen, statt ihm seine Fehler vorzuhalten. Auf eine Frage versucht man immer zu antworten, auch wenn es falsch ist. Achten Sie jedenfalls darauf, dass niemand sein Gesicht verliert.

UNBEDACHT ESSEN UND TRINKEN

Malaien, einige Inder und andere Ethnien sind Muslime. Schenken und erwarten Sie bei Einladungen, Empfängen oder Festen keinen Alkohol. Schweinefleisch-Gerichte stehen zudem höchstens in einigen chinesischen Restaurants und bei Christen auf dem Speiseplan. Auch Nicht-Muslime befolgen Essensvorschriften. So verzehren Hindus kein Rindfleisch, und Buddhisten verzichten zumindest an einigen Tagen auf Fleisch.